1. Auflage

Herstellung und Verlag:
BoD Books on Demand, Norderstedt

Alle Rechte vorbehalten.
Für die Richtigkeit der Angaben
wird keine Gewähr übernommen.

© 2017 Hirt Verlag + Publikation

ISBN 9-783743189669

Vom Sein, vom Wahren und vom Guten

Die Systematik vom (Da-) Sein, eine Erklärung zur Welt-Religion und die Grundlagen zu einer soziologisch-ökologischen Kultur der Zukunft, inkl. neuen Grundansichten, insbesondere zur Physik und zur Wirtschaft sowie auch zum Bewusstsein (mein Hauptwerk).

von Marco Hirt

Philosophie: Der Urgrund der Welt, die Systematik vom (Da-) Sein und die fünf Bereiche der Philosophie (Metaphysik, Systematik, Logik, Ethik, Politik). Religion: Das Phänomen der Welt-Religion (inkl. Maitreya- und Bibel-Betrachtung). Wissenschaft: Soziologische und ökologische Ausrichtung der Kultur.

Autor: Marco Hirt, geb. 4.3.1965. Publizist, Philosoph, Metaphysiker. Lebt in der Region Bern. Weitere Publikationen: "Postmoderne Ontologie" (2003), "Politika 2000+" (2016).

Hirt Verlag + Publikation

INHALT

Vorwort. 7

I. PHILOSOPHIE –
Der Urgrund der Welt, die Systematik vom (Da-) Sein und die fünf Bereiche der Philosophie (Metaphysik, Systematik, Logik, Ethik, Politik). 9

1. Vom (Da-) Sein als Urgrund der Welt. 9
2. Die Schöpfung Gottes vom Sein ins Dasein. 21
3. Die Systematik vom (Da-) Sein. 30
4. Eine Theorie des Bewusstseins. 47
5. Die Disziplinen der Philosophie. 59
5.1./2. Metaphysik und Systematik. 59
5.3. Logik. 60
5.4. Ethik. 69
5.5. Politik. 72
5.6. Zur (reinen) Philosophie allgemein und abschliessend. 76

II. RELIGION –
Das Phänomen der Welt-Religion (inkl. Maitreya- und Bibel-Betrachtung). 81

1. Der Begriff der Welt-Religion. 81
2. Weltlehrer (Maitreya Buddha) und Wassermann-Zeitalter. 89
3. Gedanken zur Bibel. 100

III. WISSENSCHAFT -
Soziologische und ökologische Ausrichtung der (Welt-) Kultur. 108

1. Kleine Kritik der reinen Wissenschaft. 108
2. Auf dem Weg zu einer ökologisch verstandenen Naturwissenschaft. 119
3. Die Soziologie als Führerin der Geistes-, Kultur- und Sozialwissenschaften. 127

(Kürzest-) Zusammenfassung meiner Philosophie, Religion   141
und Wissenschaft.

Vom Sein, vom Wahren und vom Guten (Nachwort).   **143**

Vorwort.

Das Sein beziehe ich (primär) auf die Philosophie, das Wahre (primär) auf die Religion und das Gute (primär) auf die Wissenschaft (und zwar auf die Wissenschaft der Natur wie des Geistes). Daher ist dieses Buch unterteilt in diese drei Kapitel: über die Philosophie, die Religion und die Wissenschaft (dies entspricht auch der Reihenfolge, in welcher ich mich mit diesen Bereichen beschäftigt habe). Dieses Buch soll mein Hauptwerk sein, sowohl in philosophischer wie auch in religiöser und wissenschaftlicher Hinsicht. Ich möchte in diesem Buch eine (kurze) Gesamtdarstellung bzw. ein Konzentrat meiner geistigen und geistlichen Arbeit vermitteln. Es handelt sich dabei um eine Zusammenfassung und Erweiterung der Darlegungen in meinem ersten Buch (vgl. Marco Hirt: "Postmoderne Ontologie", 2003 – fortan einfach als mein erstes Buch bezeichnet; analog wird mein zweites Buch erwähnt, vgl. Marco Hirt: "Politika 2000+", zweite verbesserte Auflage, 2016]).

Kapitel I

PHILOSOPHIE

**Der Urgrund der Welt,
die Systematik vom (Da-) Sein
und die fünf Bereiche der Philosophie
(Metaphysik, Systematik, Logik, Ethik, Politik).**

1. Vom (Da-) Sein als Urgrund der Welt.

Früher gab es eine Kultur- und Erkenntnislinie, wonach sich der Philosoph (je nach seiner Zeit) ein- und ausrichten konnte. Heute, in der spätmodernen Zeit, gibt es nach den drei grossen Auswegrichtungen im 20. Jahrhundert (1. Existenzialismus, 2. Kritische Theorie [in Deutschland] und Poststrukturalismus [in Frankreich] – hier zusammengefasst als kritizistische Philosophien – sowie 3. Positivistische oder wissenschaftsorientierte Philosophie) keine klare Ordnung, Ausrichtung und Herleitung mehr. Die Philosophie scheint sich mehr und mehr zu verzetteln (und vielleicht geschieht dies bald auch in der Wissenschaft).

Ich sehe die drei grossen Richtungen des 20. Jahrhunderts weitgehend als Auswege in einer philosophischen Krise, und darin keinen Anhaltspunkt mehr für eine bestimmte und klare (Entwicklungs-) Linie der wahren Philosophie, sondern: nur noch einen neuerlich aufscheinenden Begriff im zunehmenden philosophischen Chaos, welcher wieder zu einem vernünftigen Ausgangspunkt zurückführen kann: den Begriff der Ersten Philosophie (Ontologie und/oder Metaphysik)*. Was mir intuitiv – ohne jegliche Erklärung – von Beginn meines Philosophierens an klar und wichtig war, dass nämlich: das (Da-) Sein der Urgrund der Welt ist, und dass es keinen anderen Urgrund geben kann als diesen (ausser irgendwelchen chaotischen und/oder komplizierten Auswegmöglichkeiten eben), muss ich natürlich trotzdem möglichst gut begründen.

* **Die Hauptlinie der Philosophiegeschichte.** In einem Kürzestüberblick sehe ich folgende Epochen: 1. Antike, 1a. Vorklassik, 1b. Klassik, 1c. Hellenismus. 2. Mittelalter, 2a. Patristik, 2b. Scholastik, 2c. Renaissance. 3. Neuzeit, 3a. Wissenschaft, 3b. Aufklärung, 3c. Existenzialismus, 3d. Kulturkritik, 3e. Ontologismus. Dies zeigt, dass ich einerseits eine genauere Erste Philosophie als einen (vorläufigen) Höhepunkt in der Philosophiegeschichte betrachte, und dass ich sie auch als eine Reaktion auf die Kulturkritik – insbesondere im 20. Jahrhundert sehe; eine Reaktion, welche diese Kritik nicht etwa übergehen will, sondern sie selber auch (kritisch bewertend) einbezieht. (Die idealistischen und materialistischen Philosophien gehören hier zur Epoche der Aufklärung.)

Im Anfang der Philosophiegeschichte steht die griechische Antike, welche einen wunderbaren Mikrokosmos der Philosophie bildet. Die Schulphilosophie lehrt uns, dass die westlich-abendländische Philosophie der Antike im 7./6. Jahrhundert vor der Geburt Christi Jesu begonnen hat (obwohl man die Philosophie der Menschen, also: die Verbindung der Menschen zur Weisheit, vermutlich bis zur Entstehung der Menschheit zurückverfolgen könnte [denn natürlich ist der Hang zur Suche nach einer Weisheit in irgendeiner Frühzeit eigentlich parallel mit dem Denken entstanden]). Die ersten und frühen Philosophen haben demnach den uralten mythisch-polytheistischen Rahmen ihrer Kultur verlassen und machten sich eigenständige Gedanken über die Welt. Oder man könnte auch neutraler sagen: sie stellten ein altes und überholtes Weltbild in Frage und suchten eine bessere und zeitgemässere Sichtweise der Dinge.

Die Naturphilosophen, wie die Philosophen der griechischen Antike bis zu den Sophisten und den Klassikern – teils aber auch später noch – genannt werden, stellten ihre Philosophien je auf verschiedene Urgründe. Jeder Philosoph sah einen anderen Urgrund für sein Denken: Thales das Wasser, Anaximander das Unbestimmte (oder auch: das Unbegrenzte, Unendliche, grch. apeiron), Anaximenes die Luft, Xenophanes den (einen) Gott bzw. das All-Eine, Heraklit das Feuer (und/oder auch die Bewegung oder das Fliessen [aber auch die Zweiheit]), Pythagoras – der erste, der sich auch Philosophus nannte – die Zahl, Parmenides – von Platon später als grösster Meister der Philosophie vor ihm selber bezeichnet – das Sein (bzw. das Seiende), Anaxagoras den Geist (sowie ein Prinzip von [Ur-] Mischung und

Trennung [welches an heutige Modelle der physikalischen Weltursprungserklärung erinnert]), Empedokles – als erster Philosoph, der ein wirklich grösseres philosophisches System erstellte – die Elemente (Vier-Elementen-Lehre [Erde, Feuer, Wasser, Luft], dazu zwei [Grund-] Prinzipien: Liebe und Hass), Protagoras den Menschen, Demokrit die Atome und Sokrates den Zweifel. So waren die Philosophen von der Natur und vom Natürlichen zum Menschlichen gekommen.

Mit Sokrates und seinem fundamentalen Zweifel an allem begann die grosse Klassik der griechischen Philosophie, bestehend aus Sokrates, Platon und Aristoteles, von welchen jeweils der Eine der Lehrer des Nächsten war. Sokrates gilt als Philosoph der Strasse, der die Leute in philosophische Gespräche verwickelte (allerdings erscheint es nicht ganz so sicher, ob er wirklich eine reale Figur war, oder aber – wie etwa das untergegangene Wunderland Atlantis – nur eine Erfindung von Platon [immerhin ist Sokrates aber auch bei Xenophon, einem anderen zeitgenössischen Philosophen bedeutend erwähnt]). Für Platon lag der Urgrund in den Ideen (hinter den Dingen bzw. auf dem Grund der Dinge): er formulierte daraus seine Ideenlehre und begründete die philosophische Akademie (heute: Universität). Seine Ideenlehre ist idealistisch geprägt: das wahre Ding ist das ideale Ding. Aristoteles gilt als Begründer der systematischen Wissenschaft: in vielen wissenschaftlichen Fachgebieten hat er essenzielle Grundlagenwerke geliefert. Wenngleich einige seiner Gedanken später angezweifelt oder gar verworfen wurden, wird er auch heute noch oft erwähnt, und manchmal sind auch die früheren Gedanken gar nicht so schlecht wie die Späteren dann meinen (nur weil sie in einer anderen und für sie neuen und modernen Zeit leben). Gegenüber Platon gilt Aristoteles als Realist, weil er sich, wie wir vielleicht sagen können, mehr nach dem Wirklichen ausrichtet, als nach dem Wahren (im platonischen Sinn – wobei es natürlich falsch wäre zu sagen, das Wahre würde keine Wirklichkeit besitzen [im Idealfall sind wohl das Wahre, das Wesentliche und das Wirkliche eins]).

Was aber war für Aristoteles der Urgrund der Welt? Sein Urgrund ist nicht genau erfassbar – einerseits sprach er (wie zuvor auch schon Platon und Sokrates) von einem (philosophischen)

Gott, Demiurg genannt, welcher der erste Beweger der Welt sei, andererseits bestimmte er das Glück als das höchste Gut des Menschen. Gott, Gut und Glück, so könnte man sagen, waren die drei Urgründe des Aristoteles. Und offenbar führte ihn genau dies auch zur Wissenschaft. Bei ihm stand das reine (Nach-) Denken noch klar über dem empirischen Forschen (d.h. es handelte sich bei ihm noch immer um reine Naturphilosophie und noch nicht um Naturwissenschaft). Er ist aber bedeutend für die wissenschaftliche Systematik. Typisch ist für ihn auch die bis heute geltende Trennung von Natur- und Geisteswissenschaften (bei ihm: theoretische und praktische Philosophie), wobei er beide Bereiche als ebenbürtig ansah (dieses Verhältnis änderte sich mit den Erfolgen der neuzeitlichen Wissenschaft ganz klar zugunsten der Naturwissenschaften). Dieser Unterschied ist bis heute sehr bedeutend, und ich betone ihn in meinem Werk sogar (gegen die wechselseitige Vereinnahmung des anderen Bereichs [zu einem unseligen wissenschaftlichen Absolutismus]). Im heutigen Wissenschaftsverständnis kann die Philosophie als ein Bindeglied zwischen den Natur- und den Geisteswissenschaften betrachtet werden.

Nach der grossen Klassik des antiken Griechentums folgte der (sogenannte) Hellenismus, welcher drei bedeutende Schulen hervorbrachte: die skeptische Schule von Pyrrhon (Prinzip der Verneinung), die epikureische Schule von Epikur (Prinzip der Lust [und Unlust]) und die stoische Schule von Zenon (Prinzip der Gemütsruhe [bzw. der Gleichgültigkeit]). Ich nenne diese drei Schulen die Schulen des Untergangs, da sie den Untergang der antiken griechischen Kultur zumindest (mit-) begleiteten (wenn nicht sogar entscheidend mitverursachten). Wir sehen: dass also auch hier die Menschen nicht bei der grossen Klassik geblieben sind, sondern: dass sie – wie immer (auch) nach etwas Gutem und Grossem – wieder etwas Anderes und Neues wollten, wobei das Neue das Althergebrachte ja nur überformt, nicht aber wirklich verdrängt: denn in der Welt wird alles, was bedeutend ist, letztlich in irgendeiner Form erhalten.

Auf diese hellenistischen Schulen der Philosophie traf auch der christliche Apostel Paulus zu seiner Zeit noch hauptsächlich, was auch der Hauptgrund gewesen sein dürfte für seine (zu?)

scharfe Verwerfung der Philosophie (im Allgemeinen – was spätere Kirchenväter wie Augustinus, welche die Theologie als religiöse Philosophie einführten, relativierten). Paulus verwarf in erster Linie eben diese hellenistischen Untergangsphilosophien, während die christliche Theologie zuerst in der Patristik (der Kirchenväter) den Neu-Platonismus und später in der Scholastik (der Kirchenlehrer) auch den (Neu-) Aristotelismus in ihre Erwägungen miteinbezog (das Christentum hat auch sonst einiges vom Heidentum übernommen, wie wir wissen – nicht umsonst gilt der Christus Jesus ja als derjenige Gesandte Gottes, der zu den Heiden gesandt wurde). Der philosophische (und theologische) Urgrund des Christentums, welches nach der griechischen und der römischen Antike aufkam, war eine geistliche Person: der Christus (Jesus), wie der Apologet Justinus im Anfang der christlichen Philosophie (bzw. Theologie) sagte: "Der Christus ist der ganze Logos (also mehr als nur der blosse Urgrund, nämlich nach Justinus: das gesamte Weltverständnis)." So kam die Philosophie in der christlichen Theologie von der Natur über den Menschen zum Menschensohn.

Wir sehen: die Suche nach dem Urgrund steht immer am Anfang der Philosophie: der Urgrund steht nicht nur am Anfang der (antiken griechischen) Philosophiegeschichte, sondern auch am Anfang jeder neuen Philosophie. Das heisst: wenn eine bestimmte Philosophie begründet werden soll, dann benötigt sie einen bestimmten Urgrund (wie auch jede Wissenschaft einen bestimmten Untersuchungsgegenstand benötigt und auch jede Religion eine bestimmte Gottesvorstellung).

Von allen Urgründen bzw. Begriffen von Urgründen, welche die Philosophie in der Antike und später je begründet hat, scheint mir der Begriff vom (Da-) Sein der naheliegendste Begriff für die Begründung eines philosophischen Systems zu sein (das war mir rasch klar, als ich mich daran machte, ein philosophisches System zu erarbeiten [beeinflusst war ich dabei, obwohl meine Auseinandersetzung mit diesen Denkern damals gar nicht allzu intensiv war, etwa von Heidegger, Hartmann und Sartre]). Die grosse Bedeutung des Begriffs vom (Da-) Sein bestätigt sich nicht nur in der Antike (v.a. bei Parmenides und Aristoteles), sondern auch in der Scholastik des Mittelalters, in welcher sich die muslimischen und die (christlich-) scholastischen Philosophen* die Frage stellten, ob Gott oder das (Da-) Sein am Anfang der Welt stehe, sowie auch in der Neuzeit, seit deren philosophischer Begründung durch Descartes – mit dessen Kernsatz: "Ich denke, also bin ich."

* **Exkurs: Scholastische Metaphysik.** Ausgegangen war diese Diskussion von den beiden arabischen Gelehrten Avicenna und Averroes, wobei es um die Frage nach dem Subjekt der Wissenschaft der Metaphysik ging. Aristoteles hatte in seiner Metaphysik Gott als den ersten Beweger dargestellt, gleichzeitig aber auch von einer Wissenschaft des Seins gesprochen. Albert Zimmermann, der ein bedeutendes Buch zum Thema verfasste (vgl. Albert Zimmermann: "Ontologie oder Metaphysik? – die Diskussion über den Gegenstand der Metaphysik im 13. und 14. Jahrhundert", 1965), meint, dass Alfarabi zuvor Gott als Subjekt sämtlicher Wissenschaften bezeichnete. Dem widersprach Avicenna: «Demnach – so schliesst Avicenna – ist das Seiende als Seiendes Subjekt der Metaphysik. Was diese Wissenschaft erforscht, ist das aus dem Seienden in seiner Allgemeinheit ohne weitere Bedingung Folgende.» Aristoteles hatte also eine sehr bedeutende Frage offengelassen, und so schien es nun eben zwei Subjekte zu geben: in einer physikalischen Auffassung den Gott als Erstbeweger sowie in der Wissenschaft der Ersten Philosophie (welche Boethius als göttliche Wissenschaft bezeichnete, was von einigen Scholastikern übernommen wurde) das Seiende als solches (bzw. das Seiende als Seiendes bzw. das [Da-] Sein, was für mich alles synonyme Begriffe sind), und damit gab es eigentlich also zwei Erklärungen über die Grundsubstanz der Welt (und dies wurde auch bis heute kaum ausreichend geklärt [die Wissenschaft der Neuzeit hat beide Begriffe vernachlässigt: sowohl den religiösen Begriff von Gott, wie auch den philosophischen Begriff vom (Da-) Sein]). Der erste lateinische Autor, der sich mit diesem Problem befasste, scheint Dominicus Gundissalinus zu sein; er bestätigte die Ansicht von Avicenna. Hernach wurde dies zu einem der Hauptthemen in der scholastischen Philosophie. Averroes lenkte die Sache wieder auf Gott, denn er sah den ersten Beweger als notwendige Bedingung (auch) für die Metaphysik. Thomas von Aquino versuchte sie einerseits dahingehend zu lösen, dass Gott das Sein sei (ohne Gott auch ausdrücklich als Subjekt der Metaphysik zu bezeichnen), andererseits: dass es zwei göttliche Wissenschaften gebe: die Metaphysik (bzw. Philosophie [Subjekt: Seiendes als Seiendes]) und die Theologie der Heiligen Schrift der Bibel (Subjekt: die göttlichen Dinge) – das ist insofern bemerkenswert, als der Philosophie hier bereits eine relativ eigenständige Position zugestanden wurde [wenngleich für Thomas natürlich klar war, dass die Metaphysik ebenfalls wesentlich von Gott ausgeht, und im Gegensatz grenzte Thomas so auch die Theo-

logie gegenüber der Metaphysik ab]). Er setzte die zwei erwogenen Grundsubstanzen also gleich (wie Johannes in seinen Briefen im ersten Jahrhundert schon sagte, Gott sei Geist [was auch einer, wenn auch anderen, substanziellen Gleichsetzung entspricht; solche Gleichsetzungen sind ferner v.a. auch in der Theologie des Islams bekannt: Gott ist dies oder Gott ist das oder jenes]). In der Theologie erscheint dies zulässig zu sein – man könnte in einer letzten Argumentation sagen, dass alles, was allenfalls vor Gott sein könnte, ebenfalls Gott entsprechen und zu diesem gehören würde (wir hätten dann hier auch quasi eine Trinität mit Sein, Gott und Geist), und es wird nicht schwierig sein, der hier gegebenen philosophischen Deutung eine theologische beizugeben, welche auch den Sinn und das Recht der Theologie zur Geltung bringt, etwa in der Form, dass kein Sein in ein Dasein gelangen könnte, wenn nicht ein Schöpfergott als höchste Ursache dies bewirken würde, und dass das reine Sein nur für sich genommen keinen Sinn machen würde: das wäre eine durchaus zulässige Argumentation – in der Philosophie hingegen, ist eine solche Begriffsgleichsetzung im Ursprung natürlich fragwürdig (bzw. wir müssen das in der Philosophie genauer überlegen und anschauen). Die Frage ist insofern von wichtiger und entscheidender Bedeutung, indem durch die Antwort von einer wahren Metaphysik und Ontologie erst eine Philosophie begründet werden kann, welche nicht (mehr) – durch irgendwelche Scheinargumente – in der (Natur-) Wissenschaft und/oder der Theologie auflösbar ist (sondern als Philosophie einen eigenständigen Stand und [Ur-] Grund hat [d.h. nicht nur ein Herumphilosophieren, sondern eben eine Philosophie als Wissenschaft, oder sagen wir: Quasiwissenschaft]).

Der kartesianische Kernsatz führte das Subjekt als solches in die Philosophie ein, ebenso wie er auch die Grundlage für die Subjekt-/Objektscheidung der neuzeitlichen Wissenschaft legte (bezüglich der guten wie auch der kritischen Seiten dieser Wissenschaft). Typisch für diese Denkweise ist der apriorische Status des Projektbegriffs: das Projekt ist in der Subjekt-/Objektscheidung im Voraus und immanent festgelegt – es wird nicht weiter hinterfragt (was sich bedeutend erst in den letzten Jahrzehnten bzw. im 20. Jahrhundert insgesamt ein bisschen geändert bzw. relativiert hat). Zwei Philosophen stehen am Anfang der Neuzeit und deren Moderne: René Descartes im Denken und Francis Bacon im Machen (dazu kommt später, im Anfang der [kritischen] Moderne quasi, Immanuel Kant mit den aufklärerischen Vernunftbegriffen [wir können sagen: im Wünschen und/oder Sollen bzw. im Sollen vom Wünschen, d.h.: wenn wir dies oder das wünschen, dann sollen wir dies oder das tun, z.B.

wenn wir den ewigen Frieden wünschen, dann sollen wir die absolute, aber eigene Vernunft, d.h. die eigene Vernunft absolut, betrachten]).

Man kann Descartes vorwerfen, er habe die Seele etwas vernachlässigt in seiner Philosophie vom Geist und dem Körper, trotzdem gehört er (zu Recht) zu den bedeutendsten Philosophen aller (bisherigen) Zeiten (dies sind vermutlich etwa: Konfuzius, Sokrates, Platon, Aristoteles, Augustinus, Thomas von Aquino, Descartes, Locke, Rousseau, Kant; ferner vielleicht: Hegel, Feuerbach, Nietzsche, Heidegger, Sartre – Parmenides erwähne ich hier nicht, weil er im Vergleich mit diesen mit seinem kurzen Text doch eher nur ein kleiner Philosoph war, allerdings mit einer sehr grossen, bedeutenden und weitreichenden Idee und Wirkung [von Sokrates gibt es gar keinen Text, aber er erscheint gross in den Texten Platons]: Parmenides ist also quasi ein grosser Philosoph, der bei allem immer ein bisschen im Hintergrund mitwirkt). Seit Parmenides – über Aristoteles – bis Descartes galt das (Da-) Sein als der grosse Urgrund der Philosophie (und erst in der Neuzeit und deren Moderne, mit der kleinen Ausnahme der deutschen Ontologie, wurde dieses Thema zumindest bis zum grossen Weckruf Heideggers vernachlässigt, und weitgehend auch noch darüber hinaus).

Ich habe nie an dieser Urgrundbestimmung gezweifelt, und es ist mir nie ein anderer Begriff begegnet, welcher auch nur annähernd so adäquat und tauglich erschienen wäre für die Begründung eines philosophischen Systems, als eben dieser Begriff vom (Da-) Sein. Ich spreche hier – wie es auch Hartmann versuchte – von einer realen Welt; in einem idealistischen System könnte man jeden beliebigen Begriff als Ausgangspunkt verwenden: vom Realen ausgehend werde ich aber trotzdem auch in den Bereich des Idealen kommen, denn ein wahrhaft reales System umfasst natürlich beide Bereiche: den Realismus wie auch den Idealismus. Eine reine Realität ist ein ebenso falsches Verständnis der (Menschen-) Welt wie eine reine Idealität.

Der Begriff vom (Da-) Sein bezeichnet nicht ein So-Sein (wie alle anderen Begriffe sonst), sondern: das Seiende als solches. Wenn wir sagen, dass etwas (da, oder genauer: hier) ist, so sagen wir nicht, dass es so ist, oder anders, sondern: dass es überhaupt ist (was irgendwie selbstverständlich erscheint, irgendwie aber auch wiederum nicht [siehe: Heidegger]). Aristoteles und die Scholastiker sprachen deshalb sehr bedeutend vom (Da-) Sein und vom Wesen. Selbst wenn wir, wie in den meisten Seinssätzen, ein So-Sein bezeichnen, so sagen wir mit dem reinen Begriff vom Sein, dass etwas überhaupt ist. Der Satz: 'es ist so', sagt zuerst aus, dass es überhaupt ist. Allem So-Sein geht ein Sein als solches voraus. Das Sein als solches geht allem voraus, was überhaupt ist. Also ist es der Urgrund von allem (was ist).

Diese grundlegenden Dinge müssen wir ganz genau erörtern, auch wenn es manchmal simpel erscheinen mag: dies ist es mitnichten (und nicht selten stossen die Philosophen erst nach vielen Jahrhunderten auf die allereinfachsten Grundzusammenhänge, worauf – trotz allen Überlegungen in den vielen verschiedenen Zeiten – vorher nie jemand gekommen ist!).

Wenn alles So-Sein als Begriff vom Urgrund ausgeschlossen ist (weil ihm das Sein als solches vorausgeht), wie steht es dann aber mit dem Nicht-Sein? Es gab im 20. Jahrhundert, v.a. in Frankreich, auch eine bedeutende Ontologiekritik: so stellte etwa Sartre – wie zuvor Platon oder Hegel, oder daneben auch Heidegger – dem Sein gleichwertig das Nichts oder Nicht-Sein gegenüber (Jean-Paul Sartre: "L'Être et le Néant", dt. Das Sein und das Nichts, 1943), in einer (meiner Auffassung nach) unzulässigen Weise, während Levinas (in einer meta- bis antiontologischen Auffassung) das Anders-Sein thematisierte (Emmanuel Levinas: "Autrement qu'être ou au-delà de l'essence", dt. Anders als Sein oder jenseits des Wesens, 1974). Letztlich beruhen doch aber auch diese Auffassungen – Nicht-Sein und Anders-Sein – auf dem Begriff des Seins, d.h. sie bleiben ja letztlich verhaftet in einem Umkreis der Ontologie (auch wenn sie etwas Anderes behaupten wollten).

Das ist es ja, was Parmenides, der Ur-Metaphysiker und/oder Ur-Ontologe, meinte. Alles Seiende ist, und es gibt kein Nichtseiendes (vgl. Parmenides: "Peri physeos") – es gibt also nichts, was nicht ist. Es gibt ein Nicht-So-Sein, aber kein Nicht-Sein als solches. Ein Nicht-Sein oder Nichts kann nicht auf der Ur-Ebene von Sein und Welt auftreten, sondern erst auf der Ebene des Bewusst-Seins (wie wir später sehen werden: wenn es nämlich als Nichts vorgestellt wird – es gibt nur eine Welt, und alles, was in dieser Welt ist, erscheint als [Da-] Seiendes, welches vom reinen Sein bzw. vom Sein als solchem herkommt, so abstrakt dieser Begriff auch immer erscheinen mag).

Wer diesen Satz in seiner ganzen Bedeutung begriffen hat, der hat den tiefsten, wahrsten und reinsten Punkt jeglicher Metaphysik und Ontologie begriffen. Dieser Satz des Parmenides muss auch existenzphilosophisch so begriffen werden, dass alles Existierende wirklich existiert – ich meine damit nicht nur das tatsächlich Wirkliche, also: was wirklich ist, sondern auch etwa das Mögliche, also: was möglich ist. Auch das Mögliche hat ein Sein: nämlich ein So-Sein als Mögliches eben, und es gibt kein So-Sein, welches nicht auch ein Da-Sein hätte, allerdings ist das Mögliche irrelevant, solange es nicht als solches im Bewusst-Sein ist (dasselbe können wir sagen vom Unmöglichen, nicht aber eben vom Nicht-Seienden bzw. Nichts: das Unmögliche hat ein Sein als Unmögliches, während das Nichts kein Sein als Nichts haben kann, denn das Nichts hat kein Sein [in einem urmetaphysischen Sinn]). Das (Da-) Sein als Urgrund der Welt ist somit hinreichend begründet.

Die Philosophie vom Urgrund von allem, welcher das Sein als solches ist, das ist die Erste Philosophie (vgl. Christian Wolff: "Philosophia prima, sive Ontologia", 1730). Das heisst, wie schon Aristoteles sagte (vgl. Aristoteles: "Ta meta ta physika"): die Philosophie vom (Da-) Sein geht aller anderen Philosophie voraus, wie das Sein allem Seienden vorausgeht, indem sie die philosophischen Grundfragen behandelt, und es war auch Aristoteles, welcher die nachhaltige Wirkung der Seinsphilosophie vorantrieb bzw. das Seiende als solches und damit dessen (Da-) Sein zur beständigen Grundlage der Philosophie machte.

Was das Sein als solches genau ist, können wir nicht exakt genau sagen: wir können eigentlich nur sagen, dass nichts da (bzw. hier) wäre, wenn das reine (Da-) Sein nicht zuerst gewesen wäre. Das (Da-) Sein ist im Allgemeinen wie im Einzelnen der Urgrund dafür, dass überhaupt etwas da ist (und nicht vielmehr nichts [nach der berühmten Frage von Heidegger]), und das ist vielleicht die beste Definition, die man vom Sein als solchem machen kann. Trotz der grossen historischen Bedeutung des Begriffs vom (Da-) Sein meinte Heidegger eben, dass über eine Sache noch nie richtig philosophiert worden sei – über das Sein an und für sich (vgl. Martin Heidegger: "Sein und Zeit", 1927).

Weder Heidegger selber, noch Hartmann – und auch nicht die Vertreter der sogenannten Neuen Metaphysik oder des französischen Existenzialismus – konnten sich jedoch von der alten Metaphysik lösen und eine wirklich neue Ontologie begründen, obwohl gerade Hartmann eigentlich sehr nahe drangewesen ist. In seinem ontologischen System bzw. Stufenbau der realen Welt kommt der Seinsbegriff als solcher aber nicht einmal vor (vgl. Nicolai Hartmann: "Der Aufbau der realen Welt", 1940). Er betrachtete ihn zwar grundlegend, aber letztlich doch irgendwie ausserhalb seines konkreten Systems. Hartmann sah ein ideelles Sein unterhalb der realen Welt – eine Idee, welche er vom französischen Philosophen Émile Boutroux übernommen hat. Für diesen bedeutete – in einer antiplatonischen Ansicht – ein ideales Sein gegenüber dem realen Sein ein niedrigeres Sein. Hartmann-Kenner Morgenstern meint auch, dass dieser ein den Wissenschaften verpflichtetes Philosophieren vertreten habe und als Vorläufer der modernen wissenschaftsorientierten Philosophie (des späteren 20. Jahrhunderts) gelten könne (vgl. Martin Morgenstern: "Nicolai Hartmann – Grundlinien einer wissenschaftlich orientierten Philosophie", 1992). Das würde bedeuten, dass Hartmann gar kein ontologisches System begründen wollte, sondern eben ein (seinem Empfinden nach) rein realistisches und klassisch wissenschaftlich orientiertes System, und dass er damit in einer Linie von Descartes und Kant zu sehen ist – welcher übrigens die Ontologie als zu spekulativ betrachtete, obwohl er ihr den Status einer Ersten Philosophie zugestand (!) – und nicht über diese Linie hinaus gehen wollte und/oder konnte; und damit bestätigte er eigentlich die Kritik Heideggers noch einmal. Ich betrachte die Seinsdimension, selbst in ihrer ersten oder untersten Ebene, natürlich als eine reale Dimension (gerade darin unterscheidet sich eine konsequent parmenidische Ansicht von allen anderen Ansichten).

Wenn so bedeutend von der Seinsphilosophie gesprochen wird, müssen wir einmal auch den Unterschied der Begriffe der Metaphysik, der Ontologie und des Existenzialismus (er-) klären. Ich meine, der Unterschied zwischen der Metaphysik und der Ontologie lässt sich so erklären, dass Aristoteles seine Metaphysik sehr stark an eine Gottheit angelehnt hat, während die Ontologen dies nicht (unbedingt) getan haben. Ontologie ist daher meiner Meinung nach eine Seinslehre (auch: Seins- oder Existenzphilosophie [nach Jaspers]), in welcher eher das Sein als solches die erste Ursache ist, während es in der Metaphysik eher Gott ist, welcher das Seiende bewegt. Oder ganz einfach gesagt: eine Ontologie ohne Gottesbezug ist denkbar und möglich, eine Metaphysik ohne Gottesbezug dagegen eher nicht. Heidegger sagte zuletzt einmal – am Ende einer gottlosen Ontologie, quasi – dass nur noch ein Gott uns retten könne (vgl. Interview vom 23.9.1966 in der Zeitschrift "Der Spiegel", Nr. 23/1976), und führte so – in meinem Verständnis – auch eigentlich von der (modernen) Ontologie wieder zur (spätmodernen) Metaphysik zurück. In meiner Philosophie stehen Gott und das Sein als solches gleichwertig nebeneinander: man kann sie daher als Metaphysik und/oder als Ontologie bezeichnen.

Ich möchte niemals eine Philosophie begründen ohne Religion, ebenso aber auch keine Religion ohne Wissenschaft und keine Wissenschaft ohne Philosophie (und ich sehe auch die Religion, die Philosophie und die Wissenschaft letztlich auf derselben Ebene). Der Unterschied zwischen der Ontologie (in Deutschland etwa mit Goclenius, Lorhard, Alsted, Micraelius, Calov, Clauberg, Wolff, Hartmann, Heidegger, Zimmermann – international bedeutend später v.a. in den USA) und dem Existenzialismus (Kierkegaard, Lavelle, Jaspers, Marcel, Heidegger, Sartre, De Beauvoir, Camus) liegt darin, dass die Ontologie eher eine theoretische, der Existenzialismus eher eine (wenn auch sehr vage) praktische Philosophie ist (nach der alten Einteilung von Aristoteles: und so ist die Ontologie auch viel besser als der Existenzialismus geeignet, ein philosophisches System zu begründen [während Sören Kierkegaard seinen (Ur-) Existenzialismus ja auf dem Begriff der (Seins-) Angst begründete, und den Existenzialismus damit der Wissenschaft der Psychologie eigentlich fast näher brachte als der reinen Philosophie]).

Da die Ontologie – anders eigentlich als die alte Metaphysik (welche sich als quasi abgeschlossenes Gebiet betrachtete) – den Begriff des (Da-) Seins auf die gesamte Philosophie überträgt, könnte man auch sagen, dass es so erst eigentlich nun zu einer Ideologie der Ontologie (also: zu einem Ontologismus) gekommen ist, oder überhaupt erst kommen konnte – allerdings wird man sehen, dass die anderen Begriffe adäquat genügend verwendet werden, so dass man kaum von einer ontologischen Ideologie sprechen kann, sondern diese liegt gerade im Einbezug von allem, nämlich: von allem (Da-) Sein. Eine ontologische Ideologie wäre demnach – wenn schon – auch eine Ideologie, welche andere bzw. überhaupt jegliche Ideologie einbezieht und damit auch relativiert: indem sie immer den ideologielosen Begriff des (Da-) Seins allem vorausschickt und alles Übrige diesem folgen lässt. Es ist also eine Ideologie und gleichzeitig auch wiederum das Gegenteil davon: eine Anti-Ideologie (aber nicht eine rein destruktive, ausschliesslich kritische bzw. kritizistische, sondern: eine konstruktive Anti-Ideologie).

2. Die Schöpfung Gottes vom Sein ins Dasein.

Wenn wir das (Da-) Sein als Urgrund behaupten, kommen wir in einen Konflikt mit der Religion: was war nun zuerst – Gott oder das (Da-) Sein? Die entsprechende Frage stellte sich eben bereits den muslimischen und (christlich-) scholastischen Philosophen des Mittelalters. Die moderne und spätmoderne Philosophie neigt dazu, nur noch vom (Da-) Sein zu sprechen, dagegen aber Gott und die Religion auszuklammern. Heidegger hat dies mit seinem Satz der Gottesrettung – wie sehr man diesen nun auch immer gewichten will – eigentlich kritisiert. Wir müssen das Ganze betrachten, wenn wir adäquate Antworten wollen (besonders, wenn es um die ersten und letzten Fragen geht). Ich stelle mir den (Ur-) Anfang der Welt – ob in einem universalen oder mythischen Bereich, sei dahingestellt – so vor, dass ein Schöpfergott das Sein als solches ins Dasein bzw. in dessen Dasein gebracht hat (vgl. "Die Bibel" bzw. die mythisch zu begreifende Schöpfungsgeschichte der Bibel). Dementsprechend ist auch dieser Schöpfungsakt Gottes mitgemeint, wenn ich ganz allgemein vom (Da-) Sein spreche.

Der (religiöse) Begriff der Schöpfung sagt ja eigentlich schon aus, dass Gott den Weltzustand aus einem Urzustand herausgeschöpft hat. Der Urzustand ist das Sein als solches, der Weltzustand ist das Dasein (und mit diesem ferner auch das Sosein). Am Anfang steht das Sein, doch das reine Sein bzw. das Sein als solches kommt nicht ohne Gott aus bzw. ohne die Annahme eines Schöpfungsaktes vom Sein als solchem in das raumzeitliche (Da-) Sein durch einen Schöpfergott. Wie sollte man den Uranfang sonst erklären und/oder begreifen? Die reine Wissenschaft hilft uns am letzten bzw. ersten Punkt leider nicht weiter.

Benötigen wir überhaupt einen Urgrund in unserem Denken? Das ist natürlich auch eine legitime Frage. Das Problem bezüglich dieser Frage ist dieses: wenn wir unser Denken nicht irgendwie (und zwar möglichst gut) begründen, so hat es keine Legitimation. Und wenn wir es begründen, dann führt es in einem unendlichen Regress von Wirkungen und deren Ursachen immer wieder zu einem Urgrund zurück (welcher bei mir diversifiziert ist und eigentlich aus einem [Ur-Schöpfungs-] Prozess besteht). Natürlich können wir sagen, dass wir im Denken trotzdem auf einen Urgrund verzichten, aber dann können wir keine umfassende Wissenschaft begründen (und ich bin natürlich für eine [möglichst gute und umfassende] Wissenschaft).

Haben wir den Schöpfungsmythos erst einmal richtig bzw. philosophisch erklärt, können wir uns an die Erklärung dessen machen, was wir die Welt nennen. Raum und Zeit sind die ersten Eigenschaften des Daseins. Sie definieren sich als solche gegenseitig: Die Zeit ist die Veränderung des Raumes, und der Raum ist die (An-) Ordnung in der Zeit. Sobald wir von einem Dasein sprechen, sprechen wir von einem Raum und von einer Zeit (und von einer gegenseitig bedingten Raum-Zeit). Im Urverständnis – und auch im Urvertrauen – der Welt stehen demnach das Sein als solches, ein Gott, welcher die Welt vom Sein ins Dasein schöpft(e), und die Raum-Zeit, in welcher alles Dasein (und Sosein) in der Wirklichkeit besteht. So würde ich eine Weltformel beschreiben.

Für mich ist dieser Gott, wie ich an dieser Stelle anmerken muss, kein deistischer Gott, d.h. kein Gott, welcher alleine nur in diesem (Ur-) Schöpfungsakt existieren würde – dagegen spricht ja auch die ganze Darstellung in der Heiligen Schrift der Bibel – sondern: Gott ist für mich ein ursprünglicher Geist (oder: Ur-Geist), welcher weiter existiert in aller Welt. Ich sehe dabei ebenso ein pantheistisches Argument (Gott ist in allem), wie auch ein theologisches Argument (Gott wirkt zum Guten); die beiden Argumente – welche auch quasi die natur- und geisteswissenschaftliche Sichtweise repräsentieren – gleichen sich im besten Fall vernünftig aus (so dass nichts so schlecht ist, dass Gott nicht auch in ihm wirken würde, dass aber trotzdem Gott eben auch in allem besonders zum Guten wirkt [oder zumindest wirken kann]). Auch hierbei lässt sich ein scheinbarer Widerstreit – zwischen Theologie und Pantheismus – in einer vernünftigen Sichtweise auflösen, welche beide Argumente berücksichtigt.

Was ist denn aber vor der Schöpfung gewesen? Im Zustand des reinen Seins – vor der Schöpfung – stelle ich mir einen Ätherraum und einen Zeitäther vor, d.h. einen leeren und ewigen Raum und eine leere und ewige Zeit: eine grosse Leere, in welche hinein also Gott das Sein zum Dasein (er-) schöpft (das ist eigentlich oder ursprünglich auch gemeint mit der Erschöpfung Gottes). Den Begriff des Äthers verwendeten die Physiker als mystische Grösse meist dann, wenn sie sonst nicht mehr weiterkamen. Ich verwende den Begriff – in meiner Schöpfungsidee oder -vorstellung – als dasjenige, in welches das Sein zum Dasein hineingeschöpft wird, also quasi der leere Welt-Raum und die leere Zeit-Welt, d.h. Gott schöpft das Sein vom Äther-Raum und vom Zeit-Äther bzw. von der Äther-Leere in das Dasein (von Raum und Zeit). Die Leere ist übrigens nicht das Selbe wie das (nichtexistierende) Nichts, denn eine Leere ist – anders als das Nichts – darauf angelegt, gefüllt bzw. erfüllt zu werden (d.h. sie hat eine Bestimmung im [Da-] Sein). Im Ursprung der Welt geht es um die Erfüllung mit Raum und Zeit (und/oder mit den Dingen des Raumes und den Bewegungen und/oder Kräften der Zeit).

Wir haben damit im Schöpfungsakt eine umgekehrte Dialektik erkannt, in welcher sich aus einer Synthese (vom Sein), eine These (der Raum [bzw. die Anordnung, oder: Ordnung der Dinge]) und eine Antithese (die Zeit [bzw. die Bewegung der Dinge]) ergibt. Wir nennen dies die Entfaltung und Entwicklung der Welt. Diese geht weiter auf der nächsten Stufe, in welcher sich aus Raum und Zeit die physikalischen Grössen in der physikalischen Welt entwickeln: die Materie (d.h. die gebundene Energie), das Energie-Feld und die freie Energie*. Aus diesen drei Grundebenen – des (reinen) Seins, des Äthers (der Raumzeit – noch ohne die Dinge) und der Physik, ergibt sich mit der entsprechenden Einwirkung Gottes der gesamte Aufbau der Welt. Oder in einer Kurzformel, quasi (aus der Sicht Gottes und dessen Einwirkung heraus): Sein + Äther + Physik = Welt (während sich die Chemie – was klar ist [aufgrund des atomaren Aufbaus der Materie: mit Atomen, Molekülen und Körpern] – und die Biologie – was nicht ganz so klar ist [weil die Frage nach der Entstehung des Lebens heute noch nicht abschliessend geklärt werden kann] – in dieser Welt offenbar von selber ergeben; später kommen dann noch Bewusstsein und Ethik dazu [sobald wir über das Menschliche sprechen]).

* Die Dreiteilung in der physikalischen Welt ist bedeutend, denn sie bedeutet eine neue und klare Sicht auf die Grundlagen der Physik. Gesehen habe ich diese quasi in einer Verbindung der klassischen Geist/Körper-Physik (Descartes, Newton) mit der Feldtheorie (allgemein: Sheldrake, Physik: Newton, Laplace, Faraday, Hertz, Einstein, u.a., Psychologie: Tolman, Köhler, Lewin, Soziologie: Bourdieu). Alles ist Energie. Die Energiefelder ordnen die Verhältnisse zwischen der gebundenen und der freien Energie bzw. zwischen Materie und (freier) Energie (da wir in der [heutigen] Physik unter dem Begriff der Energie üblicherweise die freie Energie verstehen). Wir haben also – quasi als Erkenntnisraum – eine Raum-Zeit, aber das Verhältnis zwischen der Materie und der freien Energie ist nicht rein dualistisch zu betrachten, sondern diese sind verbunden und geordnet durch das jeweilige Energiefeld. Das gilt für jedes Phänomen der Welt, auch für die Quanten, notabene. Die subatomare Ebene betrachte ich im Allgemeinen nicht, weil wir darüber noch viel zu wenig wissen. Von den subatomaren Teilchen ist jedoch das Lichtquant (Photon) jenes Teilchen, welches am besten erforscht ist, weil es der zentrale Faktor in der Quantentheorie ist. Die Quanten können sich wie Teilchen oder wie Wellen verhalten – d.h. sie können sich wie Materie oder wie (freie) Energie verhalten (ich nenne dies: das Mysteri-

um Q, oder die Doppelform des Quantums [siehe auch: Einsteins Weltformel, worin diese bzw. eine Umwandlung von Materie in Energie und umgekehrt, ebenfalls angedeutet ist]). Dies führt mich zu folgendem Schluss. In reiner (freier) Energie ist Materie ideell enthalten, und dies könnte das Mysterium des Feldes erklären (ich nenne dies: das Mysterium E, oder das Mysterium, welches in der reinen [freien] Energie steckt). In reiner Materie ist (freie) Energie ideell enthalten, und dies könnte das Mysterium des Lebens, der Information und des Bewusstseins erklären (ich nenne dies: das Mysterium M, oder das Mysterium, welches in der reinen Materie steckt).

Meine Erklärung zum Anfang und Aufbau der Welt ist keine wissenschaftliche, sondern eine (philosophisch-) esoterische Erklärung (solange die Wissenschaft keine bessere Erklärung findet – und sie dürfte Mühe haben, eine bessere Erklärung zu finden – kann dies als eine [quasi-] wissenschaftliche Erklärung gelten). Die (heutige) wissenschaftliche Antwort über den Ursprung – gegeben durch die erkenntnistheoretische Subjekt-Objekt-Scheidung der kartesianisch begründeten neuzeitlichen und modernen Wissenschaft – beginnt mit der Entwicklung der materiellen Welt, d.h. sie beginnt erst auf der Ebene der Physik. Wir können aber in der Welterklärung nicht einfach bei irgendwelchen materiellen Teilchen und/oder energetischen Kräften anfangen. Also brauchen wir zu einer solchen Erklärung noch mindestens die Religion dazu, welche dann – wie es Aristoteles getan hat – über einen göttlich-geistlichen Erstbeweger das Problem scheinbar lösen kann, gleichzeitig haben wir in einer solchen Erklärung aber auch immer einen Dualismus zwischen Religion und Physik (dieser besteht bis heute und sorgt für viel gegenseitiges Unverständnis [während ich versuche, dieses in einer einheitlich stimmigen Erklärung aufzuheben]).

Der Philosoph sollte immer versuchen, die bestmögliche und eine überschaubare Antwort auf die offenen Fragen zu geben (es gibt immer auch die Möglichkeit der Enthaltung der Aussage – wie sie etwa auch im Buddhismus gegeben ist – aber es gibt eben auch die Möglichkeit des Versuchs der möglichst guten und stimmigen Beantwortung). Wenn es keine wissenschaftliche und keine philosophische Erklärung für einen bestimmten Sachverhalt gibt, dann muss man (auch) eine esoterische (bzw. esoterisch-religiöse) Erklärung in Betracht ziehen. Daher müssen wir sagen: vor einer rein materiellen Erklärung der Welt kommt eine ideelle Erklärung, welche philosophisch und/oder esoterisch ausfallen muss (und folgen tut der materiellen Erklärung dann wiederum ein ethischer Einwand [davon aber später mehr]).

In der Raum-Zeit – die ich nicht so kompliziert deute wie Einstein es tat, sondern ganz naheliegend als eine einfache Verbindung von Raum und Zeit bzw. Dingen und Kräften – können sich die Dinge dann entwickeln, wie es die naturwissenschaftliche Evolution beschreibt (und wie es in mythischer Form eigentlich auch im Fortgang der biblischen Schöpfungsgeschichte beschrieben ist, ebenso natürlich auch in meiner Systematik vom [Da-] Sein [siehe: im folgenden Kapitel], denn diese Grundordnung der Welt vom Anbeginn der Zeit kann nicht mehr umgestossen werden [ausser man begebe sich statt der üblichen und auch vernünftig erscheinenden One-World-Ansicht in ein komplexes Science-Fiction-Reich von Parallelwelten, was ich hier aber nicht tun möchte und philosophisch auch nicht allzu relevant finden würde – natürlich aber gibt es immer auch die verschiedenen Teilwelten innerhalb der einen Welt, und also auch hierin keinen Absolutismus]). Die materielle Entwicklung beginnt mit der Entwicklung der (Materie-) Teilchen, wie sie sich durch das Periodensystem der Elemente herleiten lassen: 1. Wasserstoff mit einem Proton und ohne Neutron, 2. Deuterium mit einem Proton und einem Neutron, 3. Tritium mit einem Proton und zwei Neutronen, 4. Helium mit zwei Protonen und zwei Neutronen, usw. usf., etc. etc. (siehe in meinem ersten Buch, Kapitel 7.4.: Von der Entstehung der [materiellen] Welt).

Ich denke, dass die (heutige) Erforschung der subatomaren Ebene, wenn man denn eine solche beschreiben möchte, keine neuen Erkenntnisse bezüglich der Grundordnung der Welt bringen wird (weil die eigentliche Ordnung mit den Atomelementen beginnt [was davor stehen mag, kann man wahrscheinlich nicht als [Grund-] Ordnung bezeichnen, wie die zukünftige Wissenschaft noch herausfinden wird: es gibt offenbar Bereiche, in welchen Wahrheit und Weisheit zu unterscheiden sind, und in diesen Bereichen kann offenkundig nur noch die Philosophie weiterhelfen, während sich die Wissenschaft derzeit in gewissen

Bereichen von einer wissenschaftlichen Ordnung zu einem wissenschaftlichen Chaos weiterentwickelt, was nicht weise ist, weil dies keinen Sinn macht. Wir dürfen auch nicht vergessen, dass die heutigen physikalischen Erkenntnisse im subatomaren Bereich mit Hilfe einer unnatürlichen supertechnologischen Technikwissenschaft zustande kommen: das hat nur noch relativ wenig mit dem natürlichen oder naturwissenschaftlichen Verhalten von Elementarteilchen zu tun, denn in einer solchen Wissenschaft sind wir nicht mehr der Natur auf der Spur, sondern wir befinden uns ja auf der Spur der reinen (bzw. der menschlichen) Technik – man kann die Wahrheit aufzeichnen, wie sie sich uns hierin darbietet, vielleicht können wir ja in der Zukunft einmal etwas anfangen damit, und trotzdem letztlich in der reinen (Welt-) Erklärung die Weisheit vorziehen]).

Das erste und bedeutendste Gesetz in der materiellen Welt ist, wie die Philosophie und deren Wissenschaft herausgefunden haben, der Kausalzusammenhang. Ich unterscheide freilich hier ein naturwissenschaftliches (kausalistisches) Ursache-Wirkungs-Prinzip – mit dem vergangenheitsbezogenen Schluss von der Wirkung auf die Ursache(n) – und ein geisteswissenschaftliches (teleologisches) Grund-Folge-Prinzip – mit dem zukunftsgerichteten Schluss vom Grund auf die Folge(n). Schopenhauer verwechselte die Begriffe dieser beiden Prinzipien und konnte sie nicht richtig differenzieren (vgl. Arthur Schopenhauer: "Über die vierfache Wurzel des Satzes vom zureichenden Grunde", 1813). Solche Begriffsverwechslungen gibt es in der Philosophiegeschichte leider recht oft, was deren Studium noch viel schwieriger macht, als es eigentlich schon ist (ich werde noch darauf zurückkommen). Wir können in einer Zusammenfassung – von einer Triade von Ursache, Wirkungsgrund und Folge sprechen.

Der Wirkungsgrund (der Gegenwart) ist dasjenige, was (in der Vergangenheit) aus seinen Ursachen entstanden ist, und aus welchem (in der Zukunft) die Folgen hervorgehen werden. Damit ist quasi die Wirkungsursache des Momentums bzw. der reinen Gegenwart gemeint. Das entspricht unserem Grundverständnis der Welt, und so stellt sich also unser Denken (vermutlich zu Recht, ob relativ oder absolut) den Grundzusammenhang der Welt vor. Wenn jemand etwas Anderes behauptet, aus einer wissenschaftlichen oder einer anderen Position heraus, dann bedeutet das nicht, dass dieses Grundprinzip nicht stimmt, denn es kann viele verschiedene Gründe dafür geben, dass die Wissenschaft seltsame Zusammenhänge zu erkennen glaubt, oder dass die Phantasie uns irgendetwas vortäuscht, was ganz anders ist, als das, was wir zu kennen glauben (oder schliesslich: dass wir manchmal von allem am liebsten gar nichts mehr wissen möchten, weil es uns letztlich zu kompliziert erscheint). Für mich gibt es in der gesamten Wissenschaft und Philosophie – und eigentlich auch in der Religion – keinen adäquaten Grund, um das Kausalprinzip anzuzweifeln. Hierbei – wie in allem – sei jedoch, wie ja auch Hume so bedeutend sagte, vor einer Erhebung von Gedanken in das Absolute zu warnen! Es kann etwas als wahrscheinlich gelten, ja: sogar als sicher, und trotzdem kann man es nicht absolut setzen (es sei denn die reine Gottesidee vielleicht [wiederum aber nicht das Weitere, was daraus gefolgert wird]).

Der Einbezug Gottes in die Ontologie – bzw. eben und grundsätzlich: in die Metaphysik – ergibt sich natürlich sogar direkt aus der Bibel: ich meine damit nicht primär die schon angesprochene Schöpfungsgeschichte, sondern jene Stelle in welcher Gott sich Mose offenbarte und sich in dieser Offenbarung selber definierte, als: "Ich werde sein, der ich [da- bzw. hier- und bewusst-] sein werde" (vgl. "Die Bibel", 2. Mose 3,14). Also die Zukunftsform von: Ich bin, der ich bin. Da Gott selber diesen existenzialistischen, ontologischen und metaphysischen Satz aussprach, weist er uns (auch und sehr eindringlich sogar) auf die Spur von einer wahren Metaphysik, denn er knüpft damit eine ursprüngliche (Da-) Seinsbedingung direkt an sich selber.

Was nun aber eine Bedingung ist (selbst) für den Gott, das steht auch vor diesem. Das heisst: Gott ist der Urgrund für das Dasein, nicht aber für das Sein als solches, denn dieses ist der Urgrund auch für Gott, den Schöpfer, und für seine Schöpfung der (gesamten) Welt. Wenn man die Bibel richtig ausdeutet, kommt man auf die richtigen Schlüsse: Gott steht nicht vor allem Sein, sondern inmitten von allem (Da-) Sein, wie auch Jesus Christus ja sagte: dass das Reich Gottes – da also, wo der offenbarte Gott reich ist zu seiner Zeit (d.i. die Ewigkeit) – mitten unter uns sei. Wer diesen Satz begriffen hat, der hat die Wende der christlichen Religion begriffen (welche bereits bei den Propheten im Alten Testament begonnen hat: der Geist Gottes kann in verschiedener Form – wie es ja auch im Alten Testament ausgewiesen ist – wiederkehren und ist nicht auf ein fixes Urbild zu beschränken).

Nicht einen verloschenen bzw. erschöpften Gott aus einer alten Schöpfung sollen wir suchen, sondern einen lebendigen Gott in der neuen Offenbarung (so, wie die Offenbarung des Johannes uns dies sagt). Und wenn Nietzsche meinte, Gott sei tot, so konnte er damit zumindest nicht den ganzen Gott meinen – wie ja auch Heidegger bestätigte – sondern höchstens, in seinem ganzen wirren Albtraum von der vollkommenen Alleinigkeit und Überheblichkeit des Menschen (bis zum Übermenschen), einen im neuen Glauben alten, mehr oder weniger verloschenen (oder zumindest überformten) Teil eines im Grunde aber durch seine Geistwirkung ewig lebendigen Gottes.

Es gibt eigentlich keinen Grund dafür, im Bereich der Philosophie keinen lebendigen Gott anzunehmen. Der einzige Grund wäre, dass wir Angst haben könnten davor, was unvernünftige Menschen mit der Erscheinung Gottes anfangen könnten. Ich frage mich aber, ob unvernünftige Menschen wirklich einen Gott benötigen, um unvernünftig zu sein. Ich denke, dass sie dies problemlos auch ohne jegliche Gotteserscheinung erreichen (und ich meine, dass die menschliche Kulturgeschichte dies mittlerweile auch schon bewiesen hat [z.B. mit den faschistischen und kommunistischen Staatsgebilden im 20. Jahrhundert, aber auch mit rechts- und linksextremem sowie anderem Terror (ohne religiöse Bedeutung)]). So oder so bin ich dafür – wie schon etwa Anselmus von Canterbury und Thomas von Aquino meinten – die Vernunft auch in der Religion einzuführen bzw. beizubehalten. Es gibt keinen Grund dafür, Gott aus der Philosophie zu verbannen, aber es gibt auch keinen Grund dafür, dies mit der Vernunft in der Religion zu tun.

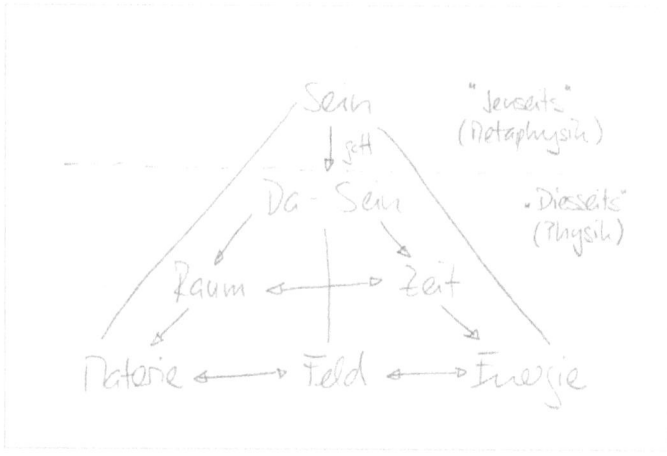

Abbildung Weltverständnis: Die Welt der Physik (des 'Diesseits') entspringt der Welt der Metaphysik (des 'Jenseits'). Diese beiden verschiedenen Welten, sind miteinander verbunden – sie bedeuten letztlich also zwei Aspekte derselben Welt. In der Metaphysik schöpft Gott das Sein ins Da-Sein, in der Physik bilden sich im Dasein die Raum-Zeit und schliesslich die Dreiheit von Materie, Feld(-energie) und (freier) Energie. Im Feld äussert sich die (Ordnungs-) Kondition vom (Da-) Sein.

3. Die Systematik vom (Da-) Sein.

Nach dem Ausflug in die (reine) Metaphysik – mit der Begründung des Zusammenhangs der Begriffe von Gott und vom (Da-) Sein – können wir in der Folge wieder von der (reinen) Ontologie sprechen, denn die Metaphysik, wie Aristoteles sie verstanden hat, handelt eigentlich ausschliesslich von den Grundfragen und -dingen, eine ontologische Philosophie aber baut auf dem Urgrund des (Da-) Seins ein philosophisches Gebäude (bzw. System): die Ontologie ist also eine philosophische Richtung, die Metaphysik dagegen das philosophische Grundgerüst der klassischen und ewigen Philosophie. Metaphysik und Ontologie können also sehr gut nebeneinander bestehen: die Metaphysik als Grundlage, die Ontologie als philosophische Weiterentwicklung, direkt auf der Basis dieser Grundlage.

Es geht nun um die Erkenntnis der Weiterentwicklung der Welt bzw. der Existenz im Lauf der Zeit in einer eigentlichen Systematik vom (Da-) Sein. (Im Verlauf der Entwicklung meiner Philosophie habe ich die ontologische Systematik eigentlich vor der metaphysischen Begründung erwogen, doch dies hat letztlich keine allzu grosse Bedeutung: in diesem Buch stelle ich das Thema natürlich sinngemäss dar, eben zuerst mit der Metaphysik als Grundlage und dann mit der weiterführenden Ontologie.)

Der Urgrund der Systematik des metaphysisch-ontologischen Weltbilds vom (Da-) Sein, welches hier vorgestellt wird, wurde im 1. und 2. Abschnitt erörtert: das reine Sein, oder: das Sein als solches. Philosophiehistorisch gibt es nur wenige Ansatzpunkte zu einem ontologischen System, obwohl etwa Hartmann von einem ontologischen Stufenmodell sprach, welches aber eben den Begriff vom (Da-) Sein nicht einmal enthielt (ebenso sind die komplexen oder komplizierten philosophischen Systeme oder Systemversuche von Heidegger und Sartre, insofern man bei ihnen überhaupt von einer systematischen Philosophie sprechen kann – sowie andere Versuche einer systematischen Ontologie – eigentlich wenig relevant für meine Arbeit: ich bin weitgehend von neuen und eigenen Überlegungen ausgegangen, weil die bisherigen Versuche auf diesem Gebiet allesamt eher wenig tauglich sind für eine grosse, umfassende und gesamtheitliche Sicht der Welt).

Im Ausbau meiner ontologischen Systematik kam ich nach verschiedenen Versuchen und Verwerfungen auf ein fünfstufiges bzw. -dimensionales System. Die (erste) Dimension vom (Da-) Sein ist die Grundstufe der Systematik, auf welcher ebenso auf den Urgrund, also das Sein als solches, verwiesen wird, wie auch auf die materielle Entwicklung im Dasein (in der Naturwissenschaft sprechen wir diesbezüglich von der physikalisch-chemischen Sphäre [wie ich sie in deren Aufbau vorher schon beschrieben habe]).

Die (zweite) Dimension vom Leben bezieht sich auf die selbstständige und von innen her bewegliche Wesenheit (in der Naturwissenschaft sprechen wir diesbezüglich von der biologischen Sphäre). Der wesentliche Unterschied zwischen der ersten und der zweiten Dimension liegt im Begriff der Information, d.h. einer inwendigen Formation der (Aus-) Gestaltung eines Organismus (durch Adaption, Kombination und Konstruktion). Diese bildet die Grundlage des Lebens, welches sich in einer dynamischen Wechselwirkung mit der Umwelt durch Integration, Innovation und Progressivität weiterentwickelt.

Die (dritte) Dimension vom Glauben bezieht sich auf die innere (Grund-) Einstellung. Der Unterschied zwischen der zweiten und der dritten Dimension liegt im Begriff der Religion, welche die (Wieder-) Verbundenheit des Lebens mit dem Grossen und Ganzen oder die eigentliche und höhere Bestimmung im Grossen und Ganzen (der Welt) betrifft. Es geht hierbei aber nicht nur um den religiösen Glauben in dessen engerem Sinn, sondern viel allgemeiner: um das Glauben an und für sich, welches die Grundlage jeglichen (Nach-) Denkens bildet (und welches man religiös oder nicht-religiös auffassen kann).

Die (vierte) Dimension vom (Nach-) Denken bezieht sich auf die innere (seelisch-geistige, also: geistliche) Entwicklung. Der Unterschied zwischen der dritten und der vierten Dimension liegt im Begriff des Geistes, d.h. Bewusstsein, Verstand (Ratio) und Vernunft (Intellekt). Entgegen der Meinung von Descartes, welcher in seinem reinen Körper-Geist-Dualismus die Seele aus dem Denken ausgeschlossen hatte*, bin ich der Meinung, dass wir den oder das Glauben mitsamt der Seele und ihrem Spüren und Fühlen in das Denken auf- und mitnehmen (die Seele hat sich aus dem Empfinden und/oder Spüren des Körpers in das Fühlen hinein entwickelt [das gilt auch für das religiöse Glauben, notabene – Jesus fragte ja rhetorisch, womit der Mensch die Seele auslösen könne: sie kann eben nicht ausgelöst werden, sondern sie steht im Zentrum auch des Glaubens]).

* Fälschlicherweise – bezüglich des dreifaltigen menschlichen Wesens (nach Steiner, u.a.): von Körper (oder Leib), Seele und Geist – auch als Leib-Seele-Dualismus bezeichnet. Der Unterschied zwischen den Begriffen vom Körper und vom Leib (in der deutschen Sprache) mündet in eine esoterische Diskussion, die ich hier nicht führen möchte (die Leiblichkeit entspricht dabei einer Art Körperseele, wie die Geistlichkeit einer Art Seelengeist entspricht [so dass man neben der Dreiheit von Körper, Seele und Geist auch eine (interaktivere) Fünfheit von Körper,

Körperseele bzw. Leiblichkeit, Seele, Seelengeist bzw. Geistlichkeit und Geist behaupten könnte, aber item]). Ich verwende hier ausschliesslich den (materialistischen) Begriff des Körpers (jenen der Leiblichkeit also nicht, dagegen jenen der Geistlichkeit schon, aber nur für den Bereich der Religion [sowie der Esoterik]). Dies ist ein kleines Beispiel auch dafür, wie schwierig es mit den Begriffen in der Philosophie sein kann, und wie genau man sie definieren und verwenden sollte, um Missverständnissen und Verwechslungen auszuweichen (was selbst grossen Philosophen nicht immer ausreichend gelungen ist). Es sind hier eigentlich eine philosophische und eine religiöse Begrifflichkeit und Auslegung, welche sich zuweilen gegenseitig in die Quere kommen.

Die Phantasie und die Relativität – sowie andere Grössen des unklaren, diffusen oder auch (wenn künstlerisch gemeint) poetischen Denkens, welches das verständige und vernünftige Denken ergänzen – lassen meist verschiedene Schlüsse zu, daher bemühen sich der analytische Verstand und die synthetische Vernunft um Logik (siehe: die späteren Ausführungen zur Logik). Das Denken ist gleichermassen klar wie unklar – es gibt klare und unklare Gedankengänge: die Einschätzungen dazu sind unserem eigenen Urteilsvermögen überlassen (oder: der Urteilskraft, um hierzu einen schönen Begriff von Kant zu verwenden).

Die (fünfte und letzte) Dimension vom Handeln (inkl. Nicht-Handeln und Gut-Handeln) bezieht sich auf die Äusserung (in Wort und Tat). Handeln definiere ich als bewusstes Tun (blosses Tun ohne Nach-Denken entspricht für mich nicht einem Handeln, sondern einem unbewussten Trieb eines blossen [nicht oder halbbewussten] Tuns [oder Machens]). Ich sehe aber, wenn es bewusst erfolgt, auch ein Nicht-Handeln als Handeln (vgl. Laotse: "Tao te king"). Ferner ist der Begriff vom Gut-Handeln bedeutend (für die Ethik und Politik). Der Unterschied zwischen der vierten und der fünften Dimension liegt im Begriff des Bewusst-Seins (und ferner auch in jenem des Willens vom Bewusst-Sein). Dieses ist also der Schlüssel vom (Nach-) Denken zum Handeln, und damit ein sehr wichtiges (oder sogar überhaupt das wichtigste) Phänomen im menschlichen (Da-) Sein.

Mit dem Handeln, d.h. einem bewussten Tun, ist nunmehr der gesamte Bewusstseins- oder -werdungsprozess – vom reinen

(Da-) Sein zum Handeln (im Bewusst-Sein, d.h. im bewussten Dasein) abgeschlossen. Der Gesamtprozess führt aber nicht, quasi (neu-) platonisch, in einem reinen Aufstieg nur vom Ersten zum Letzten, sondern er führt vom Ende auch wieder zum Anfang zurück (denn natürlich beginnen Bewusstseinsprozesse immer von Neuem, weil sie auch immer neue Bewusstseinswelten schaffen, d.h. neue Grundlagen und Voraussetzungen für das [Da-] Sein, Leben, Glauben, [Nach-] Denken und Handeln [inkl. Nicht-Handeln und Gut-Handeln]). Es gibt zwar eine höchste Ebene, aber der Prozess bleibt nicht in dieser stehen, sondern es ist ein fliessender, (multipel) dialektischer Prozess, welcher in der geistig-seelischen (also: geistlichen) Entwicklung immer wieder abläuft, innehält und weiterführt. Es gibt kein Stehenbleiben in der Welt, auch nicht im Handeln, sondern nur einen ständigen Prozess der Welterkenntnis und des eigenen Handelns (inkl. Nicht-Handelns und Gut-Handelns) und Wiederhandelns (welches die anderen Prozessgrössen berücksichtigen muss, wenn es bewusst bleiben will).

In unserer Existenz sind immer alle Dimensionen gleichzeitig vorhanden sowie auch wichtig und bedeutend. Wir stehen eben nicht an irgendeinem Punkt in dieser Systematik bzw. Welt, sondern: wir stehen in einem ständig dynamischen Bewusstseinsprozess. Oder anders formuliert: die Existenz bzw. das lebendige Dasein ist ein ständiges Lernen (denn genau in solchen Prozessen vollzieht sich ja unser Lernen als menschliche Wesen). Es gibt in dieser Systematik ebenso einen Urgrund (das [Da-] Sein) wie auch einen Endzweck (das bewusste Handeln bzw. das Handeln im Bewusstsein), bedeutender ist aber eigentlich der gesamte Prozess, welcher in der Dynamik der Systematik vom (Da-) Sein gegeben ist.

Damit ergeben sich in dieser Systematik vom (Da-) Sein – noch einmal zusammenfassend (denn dies ist der Kernpunkt meiner gesamten Philosophie) – diese fünf Dimensionen und Grundsubstanzen:

> Dimension vom (Da-) Sein.
> Dimension vom Leben.
> Dimension vom Glauben.
> Dimension vom (Nach-) Denken.
> Dimension vom Handeln (inkl. Nicht-Handeln und Gut-Handeln).

Diese fünf Grundsubstanzen können weiter differenziert und das ganze System kann in einer Grafik dargestellt werden.

Exkurs/Zeichnung: Kurze Darstellung des ganzen Systems. Die Dimensionen sind nach ihren jeweiligen Grundsubstanzen benannt, das System ist aber weiter ausgebaut, indem jeweils in den verschiedenen (Unter-) Ebenen eine Zweiheit, Dreiheit und Vierheit (und eine Fünfheit, diese aber nur in der letzten Dimension) zur ursprünglichen Einheit (der Grundsubstanz) hinzukommen. Dies ergibt im gesamten System folgende Substanzen: 1.1. (Da-) Sein [1], 1.2. Raum [2], Zeit [3]. 1.3.

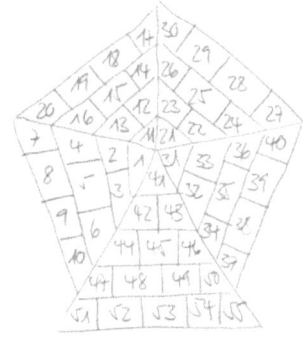

Materie (bzw. gebundene Energie [4]), Feld (-Energie [5]), (freie) Energie [6]. 1.4. Erde [7], Wasser [8], Luft [9], Feuer [10]. 2.1. Leben [11]. 2.2. Weiblichkeit [12], Männlichkeit [13]. 2.3. Pflanze [14], Tier [15], Mensch [16]. 2.4. Melancholik [17], Phlegmatik [18], Sanguinik [19], Cholerik [20]. 3.1. Glauben [21]. 3.2. Jesus [22], Christus [23]. 3.3. Vater [24], Sohn [25], Heiliger Geist [26]. 3.4. Tapferkeit [27], Mässigkeit [28], Gerechtigkeit [29], Klugheit [30]. 4.1. (Nach-) Denken [31]. 4.2. Es [32], Ich [33]. 4.3. Körper [34], Seele [35], Geist [36]. 4.4. Empfindung [37], Gefühl [38], Verstand [39], Vernunft [40]. 5.1. Handeln (inkl. Nicht-Handeln und Gut-Handeln [41]). 5.2. Natur [42], Kultur [43]. 5.3. Legislative [44], Exekutive [45], Judikative [46]. 5.4. Hauswirtschaft [47], Betriebswirtschaft [48], Volkswirtschaft [49], Weltwirtschaft [50]. 5.5. (Grund und) Boden [51], Arbeit [52], Kapital [53], Sozialgerechtigkeit [54], Umweltverträglichkeit

[55]. (Die Nummern in den eckigen Klammern entsprechen der Nummer in der Abbildung.) Die letzten beiden Begriffe ergeben ein politethisches Ziel (dies wird im dritten Kapitel dieses Buches besprochen). Die ganze Systematik mit den Dimensionen und (Unter-) Ebenen ist zusammengesetzt aus Werten und Faktoren der Philosophie-, Kultur- und Ideengeschichte. Sie kann dargestellt werden als ein Pentagon (siehe Abbildung), welches auf einem Sockel steht, den die fünfte Dimension mit ihrer fünften Ebene ausbildet (in meinem ersten Buch sind weitere Erklärungen zu den verschiedenen [Unter-] Ebenen zu finden, was ich hier nicht weiter ausführen möchte).

Es gibt in der Philosophie (und auch in der Wissenschaft, notabene) – wie ich schon erwähnt habe – relativ viele Missverständnisse durch falsche Begriffsverwendungen, selbst eben von namhaften und grossen Autoren der Geistesgeschichte, was das historische Verständnis der Gesamtzusammenhänge wesentlich erschwert. Markante und immer wiederkehrende Verwechslungen gibt es etwa bei Begriffspaaren wie Seele/Geist, Verstand/Vernunft, aber auch Sein/Dasein (u.a.). Nicht wenige der Missverständnisse basieren auf einem fehlenden oder falschen Verständnis der Dimensionen vom (Da-) Sein, ihrer (Unter-) Ebenen und ihrer Begriffe. Nicht nur die Begriffe, sondern auch die Werte verrutschen nicht selten im Verständnis von einer in eine andere Dimension – dies zeigt, wie ein solches Schema ein genaueres Denken schärfen und verbessern kann (und im Wesentlichen eine bedeutende Klärung der philosophischen Welterkenntnis bringt).

Mein Stufenmodell erinnert vielleicht ein bisschen an andere solche Modelle aus dem 20. Jahrhundert – daher möchte ich hierzu eine genaue Differenzierung machen. Vornehmlich erinnert es an die Modelle von Hartmann (vgl. Nicolai Hartmann: "Der Aufbau der realen Welt", 1940) und Gebser (vgl. Jean Gebser: "Ursprung und Gegenwart", 1949/1953 [siehe: vergleichende Tabelle (nachfolgend)]). Ich habe mein Modell relativ unabhängig von jenen gemacht (das Modell von Hartmann war mir früh bekannt, jenes von Gebser habe ich dagegen erst nach der Publikation meines ersten Buches kennengelernt [als meine Systematik vom (Da-) Sein schon lange fertig entwickelt war]).

Es zeigen sich sowohl Ähnlichkeiten mit jenen Modellen wie auch bedeutende Unterschiede. Mein Modell würde ich als differenzierter bezeichnen als die beiden anderen, mit einem klaren Urgrund und einem objektiven, untendenziösen Endzweck sowie auch einer adäquaten Prozesserklärung.

(Stufe)	Hartmann	Gebser	Hirt
1	Anorganisches	Archaisches	(Da-) Sein
2	Organisches	Magisches	Leben
3	Seelisches	Mythisches	Glauben
4	Geistiges	Mentales	(Nach-) Denken
5	–	Integrales	Handeln (inkl. Nicht-Handeln und Gut-Handeln)

Natürlich gibt es in der Philosophie nicht nur diese drei, in diesem Zusammenhang hier speziell angegebenen Systeme, sondern es gibt eine Vielzahl von philosophischen Systemen; allerdings auch nicht ganz so viele, wie man vielleicht denkt, wenn man sich nicht etwas tiefer mit der Materie befasst. Manche Philosophen waren ausdrücklich systematische Philosophen, bei anderen wiederum haben irgendwelche Kritiker irgendwelche Systeme in das Denken der Philosophen hineininterpretiert. Man kann aus jedem philosophischen Werk ein sekundärliterarisches System dieses bestimmten Philosophen herausarbeiten, obwohl die Philosophie dieses Philosophen vielleicht gar nicht so systematisch gemeint war, wie das dann später eben hineininterpretiert wird. Ich nenne solche philosophischen Systeme sekundäre System, die ursprünglichen dagegen primäre.

Im 20. Jahrhundert, in einer Zeit, in welcher interessanterweise die politischen Systeme bürokratisch stark ausgebaut wurden (bis zur Orwellschen Warnung vor einem Überkontrollismus), galt der Verzicht auf ein System, in einer eher essayistisch und v.a. auch anti-ideologisch aufgefassten Philosophie, als die Regel, die systematische Philosophie dagegen als eine Ausnahme (wesentlich eben durch Hartmann und Gebser). Wir finden in der heutigen Philosophie also bedeutend weniger philosophische Systematik als in der früheren Philosophie.

Ich kam quasi in eine antiphilosophische Philosophie (bzw. Zeit) hinein, gerade dies hat mich aber auch herausgefordert, selber ein philosophisches System zu entwickeln, da ich der Meinung bin, dass der Mensch ein (adäquates) Weltbild benötigt. Wenn ich kurz die Philosophiegeschichte nach der Systematik der verschiedenen Philosophen und Philosophien betrachte, sehe ich hierzu sieben Grundpfeiler der systematischen Philosophie: 1. Empedokles, 2. Platon (und etwas später im Neuplatonismus: Plotin), 3. Aristoteles, 4. Justinus, Augustinus, Thomas von Aquino und Bovillus (im Mittelalter), 5. Descartes (und etwas später: Schelling und Schopenhauer), 6. Kant und Hegel, 7. Hartmann, Gebser und Hirt (u.a. – diese je mit den hier so bedeutenden, sogenannten Schichten- oder auch Stufenmodellen).

Angefangen hat die spezifisch systematische Philosophie vermutlich mit Empedokles in der Antike. Sein System beinhaltete vier (nebeneinander bestehende) Grundelemente (Erde, Wasser, Luft und Feuer) sowie zwei Grundkräfte (Liebe und Hass); mit diesen sechs Faktoren wollte er die ganze Welt adäquat interpretieren. Sicher war dieses System nicht perfekt, aber doch ist es für die Zeit des Empedokles einigermassen interessant. Platon hinterliess dagegen kein klares System, sondern die Ideenlehre, in welcher aber die Idee des Guten herausragt (woraus Plotin im Neuplatonismus den Aufstieg zum Einen machen sollte), während Aristoteles ein erstes Schichtenmodell aufstellte, mit den Faktoren: Hyle (stofflich-materiell), Dinge (sinnlich wahrnehmbar), Lebewesen, Seele und Geist. Typischerweise steht schon bei Aristoteles, wie in den meisten späteren solchen (Stufen-) Modellen, das Denken an oberster und höchster Stelle: meistens in einem Schema mit einer Physio-, Bio- und Noosphäre*.

---

* Dieses Grundmodell ist, in verschiedensten Variationen, eigentlich unbestritten bis Gebser/Hirt, wo das Integrale bzw. das Handeln über die rein geistige Sphäre hinausgeht, womit entgegen dem reinen Denken und/oder einer reinen Vernunft eine neue philosophische Transzendenz zum Äusseren bzw. zu einer Rückkoppelung vom Inneren berücksichtigt wird – ob man bei Gebser schon davon sprechen kann, ist ungewiss, denn sein Begriff vom Integralen kann als Handlungs- wie auch als reiner Ideenbegriff betrachtet werden, während ich ganz konkret und ausdrücklich in der Philosophie über das reine und vollkommen in sich abgeschlossene Denken hinausgehen will. Natürlich gibt es zu einer sol-

chen Denk-Handlungs-Transzendenz einige Entsprechungen in der Philosophiegeschichte, v.a. in der englischsprachigen Philosophie (Empirismus, Utilitarismus, Pragmatismus), ferner etwa in der Kommunikationstheorie von Habermas (in meinem handlungsorientierten Kontext könnte man dazu vielleicht den Begriff des Verhandelns anführen), schliesslich könnte man vielleicht auch den gesamten Bereich der Ethik und Politik anführen, dies aber alles relativ unsystematisch: reine Denksysteme schliessen eben das Handeln und dessen Konsequenz meistens aus (was man bis zur politischen Philosophie von Marx beobachten kann – und darüber hinaus). Nicht nur bezüglich des Zwecks (vom Handeln) führt mein System weiter, sondern auch im Urgrund bzw. in der Urbegründung (vom [Da-] Sein). Gerade die Verknüpfung von Sein und Handeln ist eine Neuerung in der systematischen Philosophie. Typischerweise besteht ein Schichtenmodell also aus anorganischen, organischen und humanen Schichten (nur in den Begriffen und Gewichtungen unterscheiden sie sich); interessant ist bei Aristoteles der erkenntnistheoretische Unterschied zwischen dem reinen Stoff und den wahrgenommenen Dingen (was v.a. in der Erkenntnistheorie der Neuzeit sehr bedeutend weiter thematisiert wurde [etwa bei Locke, Berkeley, Hume und Kant (es geht dabei immer auch um die Behauptung bzw. Unterscheidung von idealistischen und realistischen Positionen)]).

In der Philosophie des Mittelalters – also in der Theologie – spielte die Systematik oder Systemtheorie eine untergeordnete Rolle. In einer monotheistischen Religion scheint ein philosophisches System eigentlich nicht notwendig zu sein, da es darin ja nur eine Substanz gibt – im Christentum jedoch auch noch eine (religionsphilosophische) Trinität (bedeutend vertreten von Augustinus). Der Christus-Logos-Satz von Justinus deutete am Anfang der Patristik des christlichen Mittelalters zwar auf den Monotheismus hin, in der Scholastik erwies sich jedoch Thomas von Aquino als bedeutendster theologischer Systematiker. Die ganz grosse philosophische Klarheit strebte dieser jedoch innerhalb der Sphäre der Religion eigentlich eher nicht an. Wir können bei ihm von einem sehr komplexen, weitgehend auf Aristoteles, welchen er mit der christlichen Theologie zu verbinden versuchte, zurückgehenden – oder auf diesen hinweisenden – System sprechen. Obwohl es eigentlich nicht notwendig erscheint, gibt es doch in jeder Religion auch eine entsprechende Theologie (also: religiöse Philosophie [und daher ist diese in der Religion wohl trotzdem auch notwendig]).

Sehr interessant ist in systematischer Hinsicht im 16. Jahrhundert – also in der Zeit der Renaissance – das (Schichten-) Modell vom eher unbekannten Philosophen Bovillus. Sein atheistisch anmutendes Stufenmodell beinhaltet die Faktoren: Sein-Leben-Fühlen-Denken (der Seinsbegriff war im scholastischen Mittelalter sehr bedeutend, und hier wird v.a. der Bezug von Leben und Fühlen betont [vgl. Carolus Bovillus: "Liber de intellectu", 1510]). Das Modell von Bovillus kommt meinem System von all den hier genannten eigentlich sogar am Nächsten: ich habe (ohne damalige Kenntnis von Bovillus) quasi statt einer Dimension des Fühlens, eine des Glaubens eingesetzt. Das Glauben ist für das Denken in der folgenden Dimension letztlich bedeutender (denn das Denken beruht auf einem Glauben, welcher aber auch Fragen aufwirft und zum Denken anregt, während das Fühlen, wenn man es ernstnimmt, eine gewisse Richtigkeit und Absolutheit für sich selber beansprucht, ohne weiter bedacht zu werden, zudem ist bei mir mit dem Handeln eine neue (quasi moderne) Dimension hinzugekommen.

Das Fühlen liegt vielleicht näher beim Leben, das Glauben aber näher beim Denken, und damit auch näher beim Handeln – natürlich spielt aber das Fühlen auch im Glauben eine bedeutende Rolle (ich habe den Zusammenhang vorher schon erklärt [mit der Seelenfrage Jesu in der Bibel]). Indem man das Glauben durch das Fühlen ersetzt, könnte man mein System ganz einfach in ein atheistisches System umbauen. Ich möchte darauf hinweisen, dass damit eine ganz wesentliche Einsicht im Prozess verlorenginge, nämlich die grosse Bedeutung des Glaubens für das (Nach-) Denken ganz allgemein. Dagegen kann oder muss man einwenden, dass wir unter dem Glauben nur ein Glauben verstehen können, welches auch wesentlich – und ontologisch – mit dem Fühlen verbunden ist (das ist die Einsicht, welche Bovillus uns hier sicher und wesentlich mitgeben kann*). Wer die Religion überschätzt, wird von ihr enttäuscht werden, wer sie unterschätzt, wird von ihr überrascht werden.

* **Exkurs: Eine Vision von einer physikalischen Primäranschauung und einer psychologischen Primärüberlegung.** Einmal hatte ich die Vision von einer (wie ich es nenne) physikalischen Primäranschauung, indem ich die Welt einmal nicht mit dem Denken auffasste, sondern mit dem reinen Sehen (verbunden mit einigen Kenntnissen der Physik). Die

Welt besteht aus den Dingen, aber sie entsteht (auch immer wieder neu) durch die Bewegung – das scheint eine Art Paradoxon im Ursprung der Welt zu sein. So ergab sich quasi eine geschlossene Entwicklung von der Bewegung im Dasein bis zu den menschlichen Gefühlen, und ich spinnte den Faden dann logisch weiter bis zu den menschlichen Handlungen: 1. Bewegung erzeugt Reibung (ferner auch Töne und Formen), 2. Reibung erzeugt Wärme, 3. Wärme erzeugt Licht, 4. Licht erzeugt Farben, 5. Farben erzeugen Gefühle, 6. Gefühle erzeugen Gedanken, 7. Gedanken erzeugen Bewusstsein und schliesslich Handlungen. Die Systematik vom (Da-) Sein bestätigt sich also auch in dieser physikalischen Primäranschauung, wenn man die (philosophische) Verbindung zwischen Fühlen und Glauben macht. Das Fühlen kann ein Glauben auslösen und auch verstärken. Man fühlt, woran man glaubt, und man glaubt, was man (auch) fühlt. Gefühle erzeugen also über ein(en) Glauben die Gedanken. Selbst die partnerschaftliche Liebe besteht – zumindest in ihrer reinsten Form – aus einem Glauben an den Anderen und einem Vertrauen in den Anderen. So zeigt diese physikalische Primäranschauung diesen Zusammenhang zwischen dem Fühlen und dem Glauben sehr schön auf. Der mittlere Aspekt ist hier im Licht gegeben. Licht benötigen wir, um überhaupt etwas sehen zu können. Man stelle sich eine farblose Welt vor! Wir würden nur schattenhaft sehen können (wie dies bei manchen, vorwiegend nachtaktiven Tieren der Fall ist). Über das Licht kommen wir in diesem Gedankengang also zur Psychologie (der Seele) und von dieser zum Geistigen bzw. zur Philosophie (der Vernunft). Es ist wichtig (für die Begründung und Verteidigung der Systematik vom [Da-] Sein), dass ich diese Zusammenhänge hier klar herausstelle. Ich habe auch versucht, ein psychologisches System zu begründen, doch dies ist mir nicht gelungen – ich glaube auch, dass dies überhaupt gar nicht gelingen kann. Die Psychologie kann man nicht systematisch auffassen, sondern nur durch ständige Wechselwirkungen. Man kann auch nicht sagen, die Ich-(Es-)Psychologie von Freud sei besser als die Du-Psychologie von Buber oder die Selbst-Psychologie von Jung. Man kann die Psychologie eben sehr verschieden auffassen, und die verschiedenen Auffassungen lassen sich nicht in ein einheitliches System bringen (das entspricht zumindest meinen Erfahrungen mit systematischen Erwägungen in der Psychologie). Dagegen kann man die Psychologie aber in einen Zusammenhang bringen mit der Erstentwicklung des Lebens. Hier können wir nämlich von einem Es ausgehen im Ursprung, d.h. es gibt keine Personifizierung im Bereich des Nicht-Lebens, weil es auch gar keine wirklich abgeschlossenen Einheiten gibt. Eine solche zu bilden, ist aber die Hauptaufgabe des Lebens. Dazu wird zuerst eine Haut oder Membran benötigt – das ist der Selbst-Effekt, in welchem ein Selbst von einem Un-Selbst getrennt wird. Dann wird eine eigene Identität benötigt, nämlich das Innen-Ich (beim Menschen: die Ich-Person, welche quasi einem erhöhten Selbst entspricht) sowie das Aussen-Du (gleichzeitig mit dem Ich wird auch das Du erhöht [vom reinen Un-Selbst zum Du]). Dieser zweite Effekt im Leben, der Ich-Du-Effekt bewirkt den Zellkern (einfachste Einzeller haben nämlich keinen Zellkern, d.h. sie haben eine Selbst-, aber keine Ich-Anlage: beim Menschen erst ist es mehr als eine Anlage, nämlich: eine Psychologie). Dies nenne ich eine psychologische Primärüberlegung. Man kann in dieser Überlegung auch eine Begründung des Lebens sehen: diese zielt nämlich auf die Selbstauffassung und -bestimmung (im beschriebenen Sinn).

Auch am Anfang der Neuzeit steht ein rein philosophisches Weltbild: jenes einfache, dualistische Weltbild von Descartes mit einer simplen Subjekt-Objekt- oder Geist-Körper-Scheidung. Schopenhauer hat das später in etwas komplizierterer Form abgewandelt zu einem Dualismus von Wille und Vorstellung (vgl. Arthur Schopenhauer: "Die Welt als Wille und Vorstellung", 1819/1844). Die Grundkonzeption dazu findet sich allerdings bereits bei Schelling (vgl. Friedrich Wilhelm Joseph Schelling: "Das System des transzendentalen Idealismus", 1800). Aus heutiger Sicht können wir sagen, dass das Hauptsystem unserer Tage eigentlich immer noch auf dem System von Descartes beruht – unsere Zeit ist noch immer, oder sogar: erst recht, sehr wissenschaftlich ausgerichtet, und die neuzeitliche Wissenschaft beruht – auch nach Einstein und Bohr (sowie der Wissenschaftskritik innerhalb der kulturkritischen Philosophie) – ganz grundsätzlich auf dem System von Descartes. Trotzdem ging das systematische Erwägen in der Philosophie weiter – und vermutlich spüren wir heute recht deutlich auch einen bedeutenden Mangel im kartesianischen Ansatz.

Wie verhält es sich eigentlich in diesem ganzen Zusammenhang mit der Systematik der beiden vermutlich grössten deutschen Klassiker, Kant und Hegel? Das Weltbild von Hegel begründet sich durch drei verschiedene Sphären: der Idee, der Natur und des Geistes (typischerweise enden die Meisten der klassischen Systeme, und das war auch eigentlich meine Hauptkritik an diesen, in der Sphäre des Geistigen bzw. im reinen Denken – ein Bezug zum Handeln ist hier nicht gegeben; immerhin aber ist es interessant, dass Hegel mit dem platonischen Begriff der Idee einen immateriellen Faktor als Urgrund seines Denksystems wählte). Das scheint, wie interessant es auch immer sein mag, doch aber ein bisschen willkürlich gewählt zu sein. Man könnte allenfalls sagen, dass wir hier eine reine Auffassung von einer Geisteswissenschaft im Steinerschen Sinn vor uns haben. Das heisst: eine mythisch-mystisch-esoterische Auffassung – das entspricht dem Denken und Beschreiben Hegels durchaus (welcher ja gerade einen Kontrapunkt zur Nüchternheit von Kant setzen wollte).

Das System von Kant – wenn man von einem solchen sprechen will – ist wiederum (ebenfalls) viel zu komplex und nicht so einfach darzustellen. Er gehört zu jenen Philosophen, in welche ein System eher hineininterpretiert wurde, als dass er selber ein solches aufgestellt hätte. Letztlich blieb er – im Gegensatz zu Hegel – sogar eigentlich in einem kartesianischen Dualismus verwurzelt, wie er selber sehr schön sagte, in einem berühmten Zitat, nach welchem er v.a. zwei Dinge bewundere: den Sternenhimmel über sich und das moralische Gesetz in sich (also: Körperliches und Geistliches/Geistiges [vgl. Immanuel Kant: "Die Kritik der praktischen Vernunft", 1788]). An einer anderen Stelle sagte er aber auch, dass man sich die Welt aus einer einzigen Idee entsprungen vorstellen müsse (Gott? – das entspricht ja auch eigentlich der Vorstellung von Descartes, nämlich: von einem weltlichen Dualismus und einem geistlichen Monismus: eine brisante Mischung, notabene, wenn man bei diesen zwei Dimensionen bleibt).

Der bekannteste Systematiker im 20. Jahrhundert ist vermutlich und überraschend... Sartre; allerdings erscheint seine Systematik doch ein bisschen wirr und unsystematisch (was auch für die Auslegung von einem allfällig erwogenen Heidegger-System gilt. Daher ist wohl umstritten, ob man die deutschen und französischen Existenzialisten überhaupt als Systematiker bezeichnen kann: vielleicht schliessen sich auch ein reiner Existenzialismus und ein Systematismus geradezu aus [ich habe die Existenzialisten in der Aufzählung anfangs weggelassen, erwähne sie hier aber trotzdem kurz]). Die bedeutendsten Systeme im 20. Jahrhundert waren deswegen und überhaupt wohl die angegebenen Stufenmodelle (von Hartmann und Gebser), zu welchen man auch jenes von Samuel Alexander zählen kann – dessen Modell ist etwas abweichend von den drei tabellarisch gegebenen Modellen (siehe: oben), und erscheint auch etwas unausgereift, mit den Faktoren: Raum-Zeit, Materie, Leben und Geist (vgl. Samuel Alexander: "Space, Time, and Deity", 1920). Es gibt weitere, ähnliche Systeme – so erwähnt Morgenstern ferner etwa jene von Scheler (mit dessen Hang zum Biopsychischen) und Rickert – die mir aber nicht bedeutend genug erscheinen, um sie hier speziell anzuführen (ferner erwähnt er auch Jaspers, welcher offenbar das Modell von Hartmann übernommen hat). Es ging hier auch nur darum, ein paar vergleichbare Modelle zu erwähnen, um aufzuzeigen, in welchem Gesamtzusammenhang – auch innerhalb der Philosophiegeschichte – meine Systematik vom (Da-) Sein steht.

Warum habe ich für mein System eine Fünfheit gewählt – und nicht etwa eine Dreiheit (wie bei der Trinität in der christlichen Religion), oder eine Vierheit (wie bei Empedokles in der antiken Philosophie)? Die Dreiheit sagt für mich etwas zu wenig aus für ein wirklich umfassendes System der Welt, die Siebenheit dagegen etwas zu viel. Der Zusammenhang von Numerologie und Systematik ist recht interessant. Es scheint, als würde man für die Beschreibung eines wahren Systems eine ungerade Zahl von Dimensionen benötigen (die ungerade Zahl bewirkt offenbar natürlichere, die gerade dagegen künstlichere Systeme). Die Einheit kann man jedoch für eine Systematik nicht verwenden, weil sie ja als solche gar keine weiteren Dimensionen zulässt. Die Dreiheit (auch: Triade, oder: Trinität [Dreieinheit]) ist daher die kleinstmögliche Darstellungsform für ein wahres System, und die Fünfheit erscheint als die beste und ausführlichste Darstellungsform (dies sah offenbar schon Aristoteles so, denn sein Stufenmodell ist fünfstufig, ebenso auch seine Darstellung der Elemente [dies allerdings etwas gekünstelt, indem er den vier Elementen von Empedokles noch den Äther beifügte]).

Natürlich kann man sich ganz grundsätzlich fragen, ob die Welt denn wirklich aus Schichtungen besteht. Die Alternative zu einem Schichtendenken wäre ein Sphärendenken, d.h. es würde verschiedene Sphären geben, die in verschiedenen und auch wechselnden Verhältnissen zueinander stehen und sich gegenseitig durchdringen – das wäre eine andere Auffassung von einem dimensionalen Denken; ansonsten ist die Vorstellung denkbar, dass es im Grunde nur eine Kraft gibt, aus welcher alles besteht, und daher auch keine Schichtung in der Welt vorhanden ist (Pantheismus [mit Bruno, Spinoza, Schelling, aber auch Hegel, und vielen anderen Philosophen, welche die Welterklärung aus einem einzigen Prinzip hergeleitet haben]), oder dass in der Welt ein Grundwiderspruch besteht (Descartes, Schopenhauer, Bahnsen – und Empedokles!), und ferner, dass alles Einzelne als Substanz zu betrachten ist (das haben die Nominalisten in der Scholastik behauptet, welche das Einzelne gegenüber dem Allgemeinen herausgestellt haben, aber auch etwa Leibniz ging mit seinen Monaden in diese Richtung [und schliesslich sind auch die antiken Skeptiker und die modernen Anti-Ideologen zu nennen, die überhaupt jegliche Substanz ablehnen]).

Ich sehe in meiner Systematik eigentlich alles adäquat enthalten: das Schichtenmodell steht natürlich im Vordergrund (weil die Systematik grundsätzlich demgemäss aufgebaut ist). Da es sich aber um eine dynamische Systematik handelt, kann manchmal durchaus auch eine sphärische Ansicht nützlich sein – wir dürfen ja eben nicht vergessen, dass die verschiedenen Schichten immer gleichzeitig bestehen (und auch an und für sich wertneutral aufgefasst werden können [es stellt sich bei einer solchen Schichtung sowieso auch immer die Frage, welches denn nun das bedeutendste Argument sei: das Erste und Ursprüngliche, das Mittlere und Vermittelnde, oder das Letzte und Abschliessende?, oder gar eines der beiden Verbindungselemente? – das ist eigentlich alles offen und möglicherweise sogar auch veränderlich]).

Pantheistisch ist mein System vielleicht in dem Sinn, dass es von einem Urprinzip ausgeht (dem Sein als solchem), diesem aber gleichwertige Prinzipien beifügt, theistisch ist es wiederum, weil es auf das Handeln zielt und damit auch auf die Ethik (oder in einem religiösen Sinn: auf die Theologie). Eher im Hintergrund steht vielleicht die Dualistik, allerdings ist sie trotzdem auch enthalten, etwa im Gegensatz vom Nicht-Leben zum Leben (also von der ersten zu den weiteren vier Dimensionen; wir sehen ja darin einen bis heute kaum bis gar nicht erklärbaren Quantensprung im Dasein). Natürlich lässt sich zwischen verschiedenen Faktoren immer auch ein dualistischer Streit erheben.

Die systematische Eindeutigkeit hat sich in meinem System dadurch ergeben, dass ich von Anfang an ein philosophisches System begründen wollte, d.h.: die Begründung eines neuen Systems und Weltbilds war mein Ausgangspunkt, während sich bei den meisten alten und grossen Philosophen das System eher im Lauf der Zeit entwickelt hat (besonders typisch übrigens bei Schelling, welcher in seiner Philosophie sogar mehrere Systemwechsel vorgenommen hat). Ein System ist nicht eine Hilfe für den Alltag, sondern eine Hilfe für die allgemeine Einordnung – das heisst: es wirkt eher im Hintergrund und natürlich nicht in jedem einzelnen Moment oder Gedanken [ein System ist eine Denkhilfe, und vielleicht sogar in einem gewissen Sinn auch eine Lebenshilfe, allgemein auch eine Orientierungshilfe, aber kein Computer- oder Weltprogramm]).

Am Schluss einer systematischen Erwägung stellt sich – gerade eben im heutigen (antisystematischen) philosophischen Umfeld – vielleicht noch einmal, oder: wieder, auch die Frage, ob denn ein philosophisches System und/oder Weltbild überhaupt benötigt wird. Man muss in der Philosophie nicht unbedingt eine Systematik erwägen, aber man kann und darf dies tun; und ich bin der Meinung, dass der Mensch ein allgemeines Weltbild benötigt, oder: eine Matrix der Welt, oder: einen inneren Kompass, oder: wie man diese Vorstellung der Welt auch immer bezeichnen will – ganz abgesehen davon, dass er sich ja auch sonst immer in Systemen bewegt (politische, ökonomische, wissenschaftliche und dergleichen mehr, weil es ja nicht so ist, dass der Mensch sich allgemein zu wenig um Systematik kümmert, sondern, ganz im Gegenteil, versucht ja gerade der neuzeitliche und moderne Mensch, aus allem Möglichen eine Systematik zu begründen: ein philosophisches System kann auch eine gewisse Relativierung von realexistierenden [Einzel-] Systemen bewirken). Mein Credo liegt darin, dass wir diese Aufgabe eines grundlegenden philosophischen Systems in der Zukunft ernster und auch möglichst wissenschaftlich angehen sollten. Das heisst: ich hege mit meinem Systemvorschlag nicht nur einen ontologischen und philosophischen, sondern auch einen gewissen wissenschaftlichen Anspruch.

Über die Behauptung meines eigenen Systems möchte ich also die allgemeine Forderung an die Wissenschaft stellen, sich bedeutender (und wissenschaftlicher) mit der Weltbildproblematik zu befassen. Das Ziel ist es, das bestmögliche Weltbild zu finden, d.h. jenes Weltbild, welches der realen Welt in all ihren Facetten am Gerechtesten wird. In diesem Sinn ist dies hier auch nur ein Vorschlag zur Güte. Ich behaupte keineswegs die allerletzte Einsicht in alles (und in alle Zeiten) zu haben, sondern: ich habe nur versucht – aus meiner Sichtweise im 21. Jahrhundert heraus – ein adäquates philosophisches System und/oder Weltbild zu erstellen. Die Wissenschaft ist nie etwas Vollendetes (und die Philosophie erst recht nicht): sie können es schon deswegen nicht sein, weil die Welt sich – trotz aller Beständigkeit auch – ständig verändert und viele zukünftige Entwicklungen heute beim besten Willen nicht einsehbar sein können. Ich kann also nur (oder höchstens) mit demjenigen rechnen, mit dem welchem man hier und heute rechnen kann.

4. Eine Theorie des Bewusstseins.

Ich habe schon erwähnt, dass es drei Grundstufen des Seins gibt: das Sein als solches, das Dasein und das Bewusstsein. Bisher ging es darum, das Sein als Urgrund zu bestimmen (in Abschnitt 1 und 2) und daraufhin eine Systematik vom Dasein zu begründen (Abschnitt 3). Nun geht es um die Erkenntnis des Bewusstseins, und ich möchte dazu eine Theorie vom Bewusstsein darlegen, und in dieser die Begriffe des Bewusstseins (er-)klären.

In den ersten drei Dimensionen der Systematik vom (Da-) Sein bewegen wir uns im Sein als solchem (1) sowie im Dasein (1-3), in den Dimensionen vier und fünf dagegen im eigentlichen Bewusstsein. Das Bewusstsein fängt aber wiederum schon in der Dimension des Lebens an und zieht sich auch durch die Dimension des Glaubens hindurch. Ich behaupte, dass schon Tiere* – und evtl. sogar schon Pflanzen – ein Bewusstsein haben, wenn auch im Vergleich mit den Menschen ein stark vermindertes (wichtig und bedeutend für ein Bewusstsein sind offenbar die

Sinne, insbesondere der Seh- und der Denksinn, die Pflanzen haben aber immerhin teils auch einen Spür- und seltener sogar auch einen Tastsinn). Spezifisch in den Dimensionen vom (Nach-) Denken und vom Handeln (inkl. Nicht-Handeln und Gut-Handeln) geht es dann um das eigentliche (d.h. menschliche) Bewusstsein.

* Exkurs: Tierethik. Die Diskussion um die Erweiterung der Ethik gegenüber Tieren ist heute gross in Mode (in einer historischen Reihe etwa von: Dietler, Bentham, Singer/Regan). Daher gehe ich auch darauf hier kurz ein. Man kann sich durchaus auch für eine bedeutende Tierethik einsetzen, wenn man den Menschen – wie ich das tue – in einer (ur-) alten Tradition zwischen Gott und den Tieren sieht. Natürlich kann man eine solche Position so deuten, dass Gott über den Menschen steht und der Mensch über den Tieren, so dass also die Tiere dem Menschen vollkommen untergeordnet sind. Das ist die Sichtweise der neuzeitlichen Wissenschaft. Ich sehe es trotz dieser Grundordnung nicht so. Auch wenn man den Menschen kulturell höher einschätzt als die Tiere, kann man so argumentieren, dass die Menschen sich nicht nur gegenüber den Göttern (bzw. Gott) gut verhalten sollten, sondern auch gegenüber den Tieren, also: nicht nur gegenüber oben (quasi), sondern auch gegenüber unten (und dies nicht in einem – hinduistisch gesprochen – bloss karmischen Interesse, sondern auch in einem natürlichen Interesse: der Mensch ist (und bleibt) mit der Natur verbunden, und diese Verbindung ist in verschiedenerlei Hinsicht bedeutend und existenziell). Allzu viel mehr (an Grundsätzlichem) muss man über ein menschliches Interesse an einer Tierethik eigentlich gar nicht sagen.

Zwischen dem Glauben, dem Denken und dem Handeln können wir je den Verstand und die Vernunft erkennen, und zwar logisch inhärent: der analytische Verstand spielt sich nämlich – erfasst in der theoretischen Philosophie – zwischen dem Glauben und dem (Nach-) Denken ab, die synthetische Vernunft – erfasst in der praktischen Philosophie – zwischen dem (Nach-) Denken und dem Handeln (inkl. Nicht-Handeln und Gut-Handeln). Diese Überlegung entspricht meinem Grundverständnis von Bewusstsein, Verstand und Vernunft (welches die drei bedeutendsten Faktoren des Geistes sind). Das Bewusstsein muss eigentlich sehr viel weiter gefasst werden – und es gehören natürlich noch sehr viel mehr Begriffe dazu – aber dies sind die zentralen Begriffe vom Bewusst-Sein (und wir müssen es so einfach wie möglich darstellen, um es besser begreifen zu können).

Viele Begriffe des Geistes können entweder dem Verstand oder der Vernunft zugeordnet werden (siehe nachfolgende Tabelle).

Verstand (verständig)	Vernunft (vernünftig)
rational	intellektuell
analytisch	synthetisch
theoretisch	praktisch
kausalistisch	teleologisch
naturwissenschaftlich*	geisteswissenschaftlich
induktiv	deduktiv
objektiv	subjektiv
yang	yin
spezifisch	ganzheitlich
nominalistisch	universalistisch

* Die Naturwissenschaft ist in einer Verbindung von apriorischem Rationalismus und aposteriorischem Empirismus entstanden.

In der Philosophiegeschichte der Neuzeit können wir die Entwicklung der (Natur-) Wissenschaft dem Verstand, die (politische) Aufklärung der Vernunft zuordnen. Der Geist arbeitet aber eigentlich immer mit beidem – mit dem Verstand und der Vernunft – trotzdem kann man diese Differenzierungen machen, um die Phänomene des Geistes und seines Bewusstseins besser zu verstehen und einordnen zu können. (Offenbar hat diese Zweiteilung im menschlichen Bewusstsein – anders als man spontan vermuten würde – keinen direkten Zusammenhang mit den beiden Gehirnhälften: die Forschung dazu ist jedoch noch nicht ausgereift. Offenbar erfolgen die meisten Hirntätigkeiten im Austausch der beiden Gehirnhälften. Und das Denken geht natürlich auch weit über den Verstand und die Vernunft hinaus: dies sind nur die beiden vielleicht bedeutendsten Faktoren im vielschichtigen bzw. -sphärischen Denken der Menschen.)

In einem geistig-seelischen (also eigentlich: geistlichen) Verständnis vom Bewusstsein müssen wir auch die Sinne einbeziehen. Ich sehe hierzu mehr als die heute üblicherweise betrachteten fünf Sinne (des Bewusstseins), nämlich: zehn Sinne – fünf Sinne des Körpers bzw. der Wahrnehmung: Sehen, Hören,

Riechen, Schmecken, Tasten/Spüren (wobei das Spüren hier bereits auf das Fühlen verweist [und das ist der engste Zusammenhang zwischen Körper und Seele!]). Drei Sinne der Seele bzw. des Bewusstseins (im engeren Sinn): Empfinden (des Körpers), Fühlen (der Seele), Denken (des Geistes). Und ferner auch noch zwei Sinne des reinen Denkens bzw. der reinen Erkenntnis: Verstand und Vernunft (in diesen beiden Sinnen sehe ich auch den Geist im engeren Sinn [wobei ich ja eben – wie meine Systematik zeigt – nicht im reinen Geist stehenbleiben möchte, sondern im Gegensatz zu vielen vergangenen und aktuellen Philosophen (und wohl auch zur Hauptlinie des abendländischen Denkens seit dem Beginn der Neuzeit) in einer Kritik des reinen Geistes eben quasi eine Transzendenz über diesen hinaus behaupte, welche das Denken des Geistes durch die Handlung bzw. das Handeln – inkl. dem Nicht- und Gut-Handeln – kritisch in Frage stellt, d.h. das Handeln fällt letztlich auch auf den Geist zurück, so dass der Geist als solcher weder die höchste noch die einzige philosophische Instanz sein kann, es sei denn im reflektierten Nach-Denken, vermittels von Informationen aus der Aussenwelt, aber nicht abgeschlossen für sich selber]).

Das Bewusstsein ist zuallererst eine Gegenwartserfahrung der (Da-) Seins-Raum-Zeit, nämlich in der Erfahrung vom Dasein (Dieses) im Raum (Hier) und in der Zeit (Jetzt). Ohne Hier und Jetzt gibt es kein Dieses, und ohne Dieses gibt es kein Hier und Jetzt: das entspricht der existenziellen Verknüpfung zwischen dem Sein als solchem und dem Dasein. Es muss ganz ursprünglich ein Dieses gegeben sein, damit wir in einer Welt leben können. Das Bewusstsein ist ebenso bedeutend wie das Dasein mit der Gegenwart verknüpft. Wir können uns nicht in der Vergangenheit oder in der Zukunft über etwas bewusst werden, sondern: nur in der Gegenwart (selbst ein Prophet wird sich in der Gegenwart über die Zukunft bewusst, ebenso wie sich der Historiker in der Gegenwart über die Vergangenheit bewusst wird [Zeitsprünge sind nur in Science-Fiction-Büchern, -Filmen oder anderen Kunsterzeugnisses dieser Art möglich]).

Das heutige universitäre Denken bringt, spätestens seit der Quanten- und Relativitätstheorie (anfangs des 20. Jahrhunderts) immer komplexere neue Denkweisen hervor, aber es überprüft sie nicht mehr dahingehend, ob sie auch den einfacheren und effizienteren Denkweisen standhalten, d.h. ob sie überhaupt noch in eine alltagsweltliche Erfahrung hineinpassen, und wie denn ein Zusammenhang mit dieser erklärt werden müsste, wenn sie das nicht mehr tun. Es muss ja einen Zusammenhang und auch eine (gute!) Erklärung desselben geben: die Wissenschaft kann, soll und darf sich nicht in Sphären begeben, welche sich jenseits vom menschlichen (Alltags-) Leben bewegen: es gibt in der Wissenschaft einen ganz erheblichen Gegensatz zwischen (geistlicher) Absolution und (menschlicher) Orientierung!, das heisst nicht, dass wir sagen sollten, dass die Erde eben doch eine Scheibe sei, was ja widerlegt wurde, aber es kann bedeuten, u.a., dass wir nicht sagen sollten, dass die Quantenphysik uns lehre, dass es keine Wahrheit gebe: dies wäre eine wirre und verwirrende (wissenschaftliche) Einsicht, und trotzdem hören wir von heutigen Wissenschaftlern teils solche und ähnliche (philosophisch betrachtet: skeptizistische) Aussagen – der antike Skeptizismus, welcher von vornherein keinerlei Wahrheit anerkennt, wurde widerlegt, weil er nicht alltagstauglich war (und daher letztlich zwar eine interessante, aber keine adäquate Philosophie begründen konnte)]).

Das Bewusstsein benötigen wir, um überhaupt geistige Prozesse durch- und ausführen zu können (denn dazu brauchen wir eine ideelle Form des Seins: das Bewusst-Sein, welches sich auszeichnet durch Fixierung, Konzentration und Memorierung [im Gedächtnis]). Selbst und gerade für die reine Geistesgegenwart im Dasein benötigen wir das Bewusstsein. Ja, eigentlich für jegliche Art von (räumlicher und zeitlicher) Orientierung. Das höchste Mittel des menschlichen Bewusstseins ist die Vernunft, denn diese ist es, welche im (Nach-) Denken eine ethische Moral bzw. ein moralisches Ideal begründet. Und das ist – natürlich – das höchste, was der Mensch überhaupt begründen kann, und was auch die Menschlichkeit in der Menschheit begründet. Es gibt also ein gewisses – nicht absolutes, sondern nur relatives – Primat der Vernunft über den Verstand (und das ist eine wichtige und bedeutende Erkenntnis hinsichtlich meiner Schlussfolgerungen [im 3. Kapitel]). Der Verstand hilft mit, die Vernunft bzw. deren Grundlage herauszubilden, aber die Vernunft ist die letzte Instanz im Menschlichen (besonders auch bezüglich der Ordnung und Unordnung in der Welt).

```
Orientierung            Konzentration
           \  Seele    /
            (Intuition)
         ┌─────────────────┐
         │  Bewusst-Sein   │
         └─────────────────┘
              Geist
           / (Inspiration) \
   Verstand                 Vernunft
```

Abbildung: Bewusst-Sein. Die Orientierung einerseits und die Konzentration andererseits können als die beiden bedeutendsten Seelenanteile des Bewusstseins bezeichnet werden, der Verstand und die Vernunft als die beiden bedeutendsten Geistesanteile (der entsprechende Körperanteil – hier nicht aufgezeichnet – ist der Instinkt). Hier ist die Rede von aktiven Seelenteilen im Bewusst-Sein, während die passiven Seelenteile (der Sinneswahrnehmung, d.h. das Fühlen [sowie auch das Empfinden]) der Einfachheit wegen ausser Betracht gelassen wurden.

Wenn heute gewisse (Nietzsche folgende) Anti-Ethiker behaupten, das Menschliche müsse überwunden werden für eine bessere Zukunft (etwa in der sogenannten Philosophie des Trans- oder sogar Posthumanismus), so müssen wir diesen widersprechen. Dies ist einer der grössten philosophischen Irrtümer der Spätmoderne. Der Humanismus kann nicht überwunden, sondern nur verbessert werden. Der Mensch bleibt Mensch – und seine Position in der Welt (zwischen Tieren und Göttern, wie es Mirandola in der Renaissance erkannte [vgl. Giovanni Pico della Mirandola: "De hominis dignitate", dt. Über die Würde des Menschen, 1496]) bleibt die selbe; ja: selbst ein fiktiver Maschinenmensch (also: ein Android) würde in einer sehr fernen Zeit – wenn wir ein bisschen Science Fiction einbauen möchten – die

Menschlichkeit weiter benötigen und vertreten: solange nämlich in ihm noch ein Fünklein Mensch drin ist bzw. bestehen bleibt, trägt er das Menschliche in sich, und das wird, selbst bei einer zunehmenden Automatisierung, Computerisierung und Roboterisierung und kühnsten Science-Fiction-Gedanken sehr lange, oder ewig, der Fall sein (über reine Maschinen spreche ich hier natürlich nicht [ich finde, wir müssen uns weiterhin am Menschlichen – mit all seinen Schwächen auch – orientieren: es gibt für uns Menschen in einer überschaubaren Frist keine Alternative dazu: und je grösser die Probleme im Menschlichen sind, desto mehr ist dies gefragt]).

Natürlich möchte die heutige Wissenschaft uns sagen, die Position des Menschen liege nicht zwischen Tieren und Göttern, sondern: zwischen Tieren und Maschinen. Das ist aber menschlicher Eigendünkel oder -wahn sogar, in welchem der Mensch sein eigenes Produkt, die Maschine, über sich selber stellt, was zwangsläufig zu einem vollkommen verkehrten Bezugsrahmen führen muss. Ein Geschöpf, welches über seinem Schöpfer steht, scheint führungslos in der Welt verloren zu sein. Dieser Weg führt zu einer apokalyptischen, postapokalyptischen und dystopischen Weltsicht (von einer eigentlichen Unwelt). Als Schöpfer der Maschinen sind und bleiben wir verantwortlich für diese (auch und gerade auch in einer digital vernetzten Welt!).

Selbst die Vorstellung des schönsten technischen Paradieses, in welchem die Maschinen alle Arbeiten der Menschen übernehmen würden, so dass die Menschen sich nur noch ihren Genüssen ergeben könnten, würde, sollte und dürfte uns nicht so richtig gefallen. Die Maschinen werden die Götter nicht ersetzen können, und dass dies Ausserirdische tun könnten, ist – trotz der (seltsamen) kantischen Erwägung von ausserirdischen Wesen und allen Liebhabern solcher Phantasien – höchst ungewiss (und also eher zu verwerfen [v.a. deswegen, weil alles in der Welt nur einmal geschieht, was bedeutet, dass alles Gleiche, und also auch alles Leben bzw. besonders auch so etwas Komplexes wie das Leben, den gleichen Ursprung hat – zu einem bestimmten Zeitpunkt und unter einer bestimmten Weltkonstellation: dies lässt immerhin die Möglichkeit offen, dass die Menschen von einem anderen Planeten auf die Erde oder von der Erde auf andere Planeten gelangt sind – man kann sich dazu auch die frühere Evolutionstheorie von Maillet, die älter ist als jene von Lamarck und Darwin, vor Augen führen, nach welcher Gott die Lebenssamen im All verstreut hat (Panspermie) – aber ich würde diese Möglichkeit als eher gering einschätzen]). Es gibt also in der Tat viele gute Gründe, um auch in der heutigen Zeit und in der Zukunft noch an einem Gottesglauben festzuhalten.

Ein Ideal sollte natürlich nicht im luftleeren Raum liegen. Das Bewusstsein kann nicht nur ein moralisches Ideal aufstellen, sondern: es kann dieses auch mit der Realität vergleichen bzw. an der Realität messen, nämlich in Bezug zum konkreten Handeln. Erst im Vergleich mit dem konkreten Handeln kann sich ein Ideal des Denkens als sinnvoll erweisen oder nicht. Es muss dabei nicht so sein, dass es nur auf das Handeln ankommt, sonst hätte das Denken ja keine eigene Kraft; es darf durchaus so sein, dass die Umsetzung des Ideals schwierig ist und dem Handelnden einiges abverlangt, und vielleicht sogar mehr als dieser zu einer bestimmten Zeit leisten kann, aber es darf nicht so sein, dass die Umsetzung des Ideals grundsätzlich unmöglich ist.

Der göttliche Aspekt Jesu Christi liegt darin, dass er Dinge getan hat, welche kein anderer Mensch tun kann, wie Blaise Pascal sagte – oder anders gesagt: wer sich mit Jesus Christus vergleicht, der zieht moralisch immer den Kürzeren, weil dieser in einem moralischen Sinn der beste Mensch gewesen ist, welcher je auf Gottes Erdboden wohnte (nicht nur aufgrund seiner Demut, sondern auch seines Intellekts und Mutes!). Wir sollen ja keine Götter werden, sondern Menschen bleiben. Jesus war, wie die Theologie uns sagt, beides: Gottes- und Menschensohn, also göttlich und menschlich. Daher können wir ihm wohl gedanklich folgen, aber wir können nicht tun, was er getan hat, denn er hat bereits das Höchstmögliche getan, und dies in einer viel früheren und schwierigeren Zeit, als es die heutige ist – d.h. selbst: wenn wir es nachmachen könnten, hätte es nicht denselben Wert und Sinn (so viel Religion darf auch in die reine Philosophie miteinfliessen).

Viele Philosophen sprechen seit Anselmus von Canterbury – über Descartes bis zu Kant und in die heutige Zeit hinein – von der Vernunft als oberstem philosophischem Prinzip (und nicht etwa vom Verstand [sie meinen aber beides: Vernunft und Verstand, d.h. eine Vernunft in deren Ordnungsbereich letztlich auch der Verstand gehört]). Beides aber beruht auf der (gesamten) menschlichen Entwicklung, im Glauben, (Nach-) Denken und Handeln (inkl. Nicht-Handeln und Gut-Handeln). Das heisst: auch die Vernunft muss sich durch das Handeln (inkl. Nicht-Handeln und Gut-Handeln) beweisen. Insofern ist die Vernunft auch der oberste Sinn (vom [Da-] Sein, und zwar nicht [nur] im Sinn einer allgemein [vor-] gegebenen Vernunft, sondern im Sinne Kants: eines eigenen Verstandes und einer eigenen Vernunft [sapere aude – Kant spricht hierbei nur vom Verstand meint aber sicher auch die Vernunft (seine Unterscheidung diesbezüglich ist etwas zu ungenau, was aber auch eben typisch ist für die gesamte Philosophie der Vergangenheit)]).

Das ist der Kern meiner Theorie vom Bewusstsein. Und damit ist das Wesentliche erklärt, was wir über den Geist unbedingt wissen müssen, aber es gibt ja nicht nur den Geist, sondern auch die Seele und den Körper. Wie hängen diese insgesamt zusammen? Diese Frage führt uns in den Bereich der Psychologie. Und in diesem Bereich vertrete ich eine Dreiheit von Körper, Seele und Geist. Woher diese Auffassung kommt, kann ich nicht genau sagen. Sie scheint aus der Religion herausgewachsen zu sein, und noch genauer: aus der theosophischen Religion. Von daher scheint sie zumindest in die heutige Philosophie miteingeflossen zu sein, v.a. durch Rudolf Steiner, welcher als Hauptvertreter einer solchen Auffassung gilt (nachdem ja Descartes einen reinen Geist-Körper-Gegensatz vertrat; die Berücksichtigung von Seele und Geist im selben Modell haben wir jedoch auch bei Bovillus gesehen, und sie lässt sich offenbar zurückverfolgen über christlich-ägyptische Wanderprediger bis in die griechische Antike: Steiner bleibt jedoch die wichtigste Figur bezüglich dieser Auffassung in der bisherigen Neuzeit).

Noch heute ist diese Auffassung jedoch nicht allzu bedeutend in der Philosophie und in unserer Gesellschaft angekommen, und noch heute wird in der (sogenannten) Philosophie des Geistes über den alten Dualismus von Descartes gestritten bzw. über das alte Leib-Seele- oder Geist-Körper-Problem. Es gibt (im Licht der erwähnten Dreiheit) eigentlich gar kein solches Problem, sondern: dieses Problem ist eigentlich schon lange gelöst (und nur, weil für die Wissenschaft das Weglassen der Seele praktischer ist, darf die Philosophie ein solches Denken nicht behaupten [auch wenn sie es durch Descartes ja selber hervorgebracht hat; wir müssen hier übrigens gut unterscheiden zwischen einer subjektiven und einer objektiven Ansicht: für das Subjekt kann im Einzelfall eine reine Geistbestimmung praktischer sein – objektiv betrachtet, entspricht eine solche aber nicht einer integralen und ganzheitlichen Auffassung vom Dasein: es müssen also hier schwierige Interessensabwägungen gemacht werden, denn ich möchte Descartes und dessen Rationalismus keineswegs ad acta legen, sondern diesen nur adäquat relativieren]).

Der Körper entspricht dem reinen Dasein: im Dasein erscheint das Körperhafte – vom Atom über das Molekül (also die Atomverbindung) bis zum eigentlichen Körper. Die Seele entspricht dem Leben (oder wir können sagen, dass sie – wie eigentlich auch der religiöse Glauben – eine Art Konzession an das Leben ist): viele Denker haben die Seele mit dem Lebendigen in Zusammenhang gebracht und viele Dichter bezeugen dies. Wir finden also das Körperhafte in der Dimension des Daseins, das Seelenhafte in der Dimension des Lebens (während sich das Geisthafte [primär] auf die Dimensionen des Glaubens, des Denkens und des Handelns erstreckt). Der Körper hat die Seele entwickelt, als er sich als abgeschlossenes Wesen zu empfinden begann (in der Unterscheidung zwischen innen und aussen bzw. fremd und selbst – dies ist über eine sehr lange Zeitspanne geschehen: von Formen von Vorseelen bis zur menschlichen Seele).

Ein Lebewesen muss sich auch schützen, im Gegensatz zu einem Stein, weil es sein Inneres beschützen muss. So entwickeln sich bei den Lebewesen und schliesslich beim Menschen die Empfindungen, die Gefühle und die Gedanken (und erst, als der Mensch mit seinem Bewusstsein tiefer in das Innere gelangte, konnte er auch die Sinne sich selber und ganz gewissen Phänomenen dieses Selbst sicher zuordnen). Dem Körper entspricht der Sinn des Empfindens (im Bewusstsein), der Seele jener des Fühlens (im Bewusstsein) und dem Geist jener des Denkens (im

Bewusstsein). Wenn wir es so sagen und sehen, dann leuchtet einem die (menschliche) Trinität sofort ein. Das Empfinden entspricht – wenn wir diese Begriffe mit den Seinsbegriffen von Sartre verknüpfen – dem Dasein an sich, das Fühlen dem Dasein für sich, das Denken dem Dasein mit anderem bzw. anderen oder für anderes bzw. andere. Für andere heisst: (geistiges) Denken, für sich heisst: (seelisches) Fühlen, an sich heisst: (körperliches) Empfinden.

In der Neurobiologie und Hirnforschung spielt der Begriff des Bewusstseins heute eine bedeutende Rolle, und diese Bedeutung widerspiegelt sich auch in der heutigen Philosophie (nachdem ja das 20. Jahrhundert – durch die Tiefenpsychologie von Freud und anderen – eher durch den Begriff vom Unbewussten und Unterbewussten geprägt war). Ich bin, im Gegensatz zu jenen Philosophen, welche wieder einmal allzu rasch auf einen aktuellen Zug der Wissenschaft aufspringen wollen, der Meinung, dass die wissenschaftliche Forschung das philosophische Nachdenken in diesem Bereich nur am Rande tangieren wird. Es ist der Wissenschaft wohl zuzutrauen, dass sie besser erkunden wird, wie etwa Gedanken erzeugt werden, und dass sie durch ihre Technik vielleicht sogar besser lernt, Gedanken zu beeinflussen – all dies hat aber relativ wenig mit der philosophischen Bewusstseinsdiskussion zu tun, in welcher es v.a. um erkenntnistheoretische und ethisch-moralische Fragen geht.

Meine Erkenntnistheorie basiert darauf, dass es sowohl ein (realistisches) Ding (an sich) gibt wie auch eine (idealistische) Vorstellung davon. Verbunden sind sie durch die Wahrnehmung (der Erkenntnis des Dings). Das wäre aber noch ein zu einfaches Modell. Das Ding der Welt nehmen wir als Körper der Erscheinung wahr – zwischen Ding und Wahrnehmung liegt also noch die Erscheinung (des Dings). Wiederum liegt auch etwas zwischen der Wahrnehmung (der Seele) und der Vorstellung (des Geistes). Was ist es? Ich verwende dafür den Begriff der Erinnerung, d.h. die Wahrnehmung und die Vorstellung sind verbunden durch die Erinnerung. Sobald eine Wahrnehmung in das geistig-seelische Wesen des Menschen tritt, ist es für mich eine Erinnerung. Die Vorstellung wird danach aus der Erinnerung (des Gedächtnisses) reproduziert.

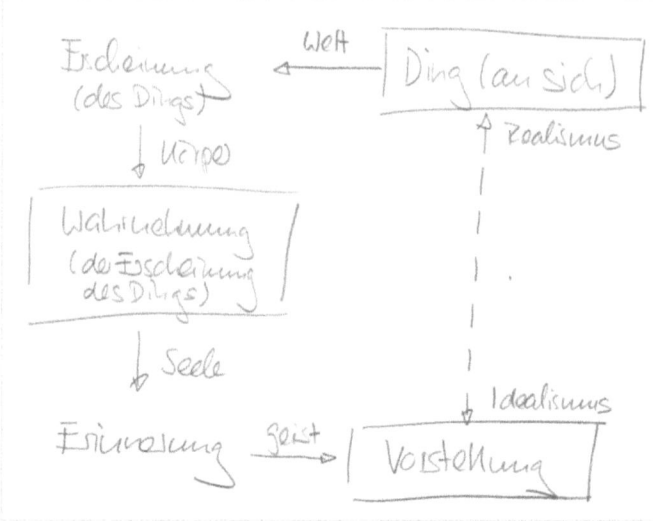

Abbildung Erkenntnis. Das Ding an sich wird für uns zur Erscheinung des Dings, welche wir durch unsere Sinnesorgane des Körpers wahrnehmen. Diese Wahrnehmung wird von der (meist unbewusst) prüfenden Seele als Erinnerung abgelegt und später vom Geist als Vorstellung verwendet. (So gelangen wir vom Realismus der Welt zum Idealismus des Geistes, da der Geist nämlich die Vorstellungen bis zu einem gewissen Grad auch selber formen kann [was Kant sogar zum grossen, aber etwas verstiegenen Gedanken führte, dass sich die Dinge nach unserer Erkenntnis zu richten haben und nicht umgekehrt (quasi in einer neuerlichen Überspitzung der Vorstellung von Bacon und Descartes, dass der menschliche Geist absolut über allem in der Welt stehe)].)

Wie können wir im Reich der Ideen eine möglichst gute Erkenntnis gewinnen? Und wie können wir aus dem Bereich der Ideen heraus ein möglichst gutes Handeln erreichen? Zur (Er-) Klärung dieser Fragen, können uns die Technik und die (Natur-) Wissenschaft nicht weiterhelfen. Das sind Fragen, welche die Philosophie beantworten muss. Und diese Erkenntnis unterscheidet den wahren oder neoklassischen Philosophen – wie er sich in den erkenntnistheoretischen Fragen (seit Descartes, Locke, Hume, Berkeley, Kant und Hegel [u.a.]) herausgebildet hat – geradezu fundamental vom (Natur-) Wissenschaftler (heutiger Prägung), welcher sich solchen philosophischen und ethischen Fragen eben (zumindest innerhalb seiner Wissenschaft) entzieht, und auch von jenen aktuellen Philosophen, welche sich allzu stark an die reine Wissenschaft anlehnen.

Es ist also trotz fortgeschrittener und weiter fortschreitender Wissenschaft – selbst in den Bereichen des Bewusstseins, des Denkens und des Geistes – keineswegs zu empfehlen, die philosophische Überlegung einzustellen oder auszuschalten, vielmehr ist die Philosophie noch immer (und auch immer wieder) ein notwendiger Begleiter, sowohl der Wissenschaft wie auch der Religion (und natürlich muss die Philosophie selber sich über eine rein begleitende Rolle hinausheben, nicht unbedingt in eine bestimmende oder überhebliche Rolle – wie sie nicht mehr den gegenwärtigen Gesellschafts- und Kulturverhältnissen entsprechen würde – aber in eine nachwievor bestimmte Rolle).

5. Die Disziplinen der Philosophie.

Ich möchte in diesem Abschnitt die einzelnen Disziplinen der Philosophie kurz behandeln. Ich sehe innerhalb der Philosophie folgende fünf bedeutende (Einzel-) Disziplinen: die Metaphysik, die Systematik, die Logik, die Ethik und die Politik. In der Metaphysik wird der Urgrund erklärt, in der Systematik ist der Zweck gesetzt (das Handeln), in der Logik – wie zu zeigen sein wird – der Wert (der Handlung) erhoben, in der Ethik das Gute (des Werts der Handlung) und in der Politik die Güte für die Allgemeinheit (des Werts der Handlung).

5.1./2. Metaphysik und Systematik.

Die Metaphysik und die Systematik wurden bereits behandelt (und bilden den zentralen Teil dieses Buches überhaupt): die Metaphysik in den Abschnitten 1 und 2, die Systematik in Abschnitt 3 (sowie 4). Hier geht es also im Weiteren darum, noch einige bedeutende Gedanken zur Logik, Ethik und Politik anzuführen (die beiden letzteren Disziplinen habe ich bereits in meinem zweiten Buch behandelt).

5.3. Logik.

Die Logik, für welche ich ein bisschen weiter ausholen muss (weil ich diese im Gegensatz zu den anderen vier Gebieten hier erstmals behandle), steht in meiner Auffassung der fünf Disziplinen der Philosophie eigentlich im Mittelpunkt. Sie entspricht jenem Teilgebiet, welches die ganze Philosophie zusammenhält, oder: zusammenhalten soll – von der Metaphysik bis zur Politik, also: von den Urgründen aller Philosophie bis zur Art und Weise, wie wir Menschen miteinander zusammenleben wollen, und also: von der tiefsten Naturwissenschaft (bzw. Natur-, Technik- und Ökowissenschaft) bis zur höchsten Geisteswissenschaft (bzw. Geistes-, Kultur- und Sozialwissenschaft [wir müssen das heute eigentlich immer ausführlich angeben, damit es genau bezeichnet ist (was ich aber nicht immer tue, sondern: manchmal spreche ich im alten Sinn vereinfachend nur von Natur- und Geisteswissenschaften)]). Diese Funktion des Zusammenhalts ist in der heutigen abgehobenen, disziplinversunkenen bis teils sogar philosophiefremden Logik meist nicht mehr gegeben – es gilt daher die Logik wieder auf bessere und festere Gründe zu stützen und auch in einen philosophischen Sinn zurückzuholen.

In der Logik geht es nicht primär um die Begründung eines systematischen Weltbildes, sondern: um die Formulierung von allgemeingültigen Welt- und/oder Denkgesetzen – was ja eben nicht ganz das Gleiche ist, je nachdem: ob wir von einer realistischen oder idealistischen Anschauung der Philosophie ausgehen: die philosophische Logik geht klassischerweise von einer idealistischen Anschauung aus, d.h. sie bezieht die Logik vorwiegend oder alleine auf das Denken, und nicht auch auf das Handeln (es ist logisch, dass ich im Rahmen meiner Philosophie eine etwas andere Anschauung der Logik präsentieren werde).

Die heutige Logik ist – etwa seit Frege und Peirce sowie mit Russell/Whitehead (also v.a. im englischsprachigen Raum) – sehr mathematikorientiert: in der Sprachanalyse versucht sie sogar, die Sprache zu mathematisieren. Wenn wir die Logik wieder auf einen allgemeineren und sprachlicheren Boden zurückbringen wollen, müssen wir sie zuerst entmathematisieren. Der hohe Grad der Mathematisierung der Logik kommt natürlich daher, dass die Logik bisher v.a. in den Naturwissenschaften gefragt war (und da auch bedeutende Anwendungsgebiete fand [nicht zuletzt auch in der Informatik]), und er führte eben sogar bis zum Versuch, die Sprache mit einer mathematischen Logik erklären zu wollen. Heute fragen wir uns, wie die Naturwissenschaften mit den Geisteswissenschaften zusammenhängen, und ob es wirklich bzw. überhaupt eine gemeinsame – also: einheitliche – Logik geben kann.

Die Mathematisierung beginnt mit der ersten Operation 1+1=2, eigentlich aber bereits bei der Grundgleichung 1=1 (denn das ist die allererste Voraussetzung der Mathematik [bevor überhaupt irgendetwas gerechnet werden kann]). Diese beiden Gleichungen gelten – wie so viel Anderes in der Mathematik – als absolut gültig. Ob dies mathematisch überhaupt richtig ist, das ist die eine Frage, die ich später behandeln werde (vgl. Kapitel 3.2.), über dies hinaus, müssen wir jedoch erkennen, dass die Grundlage der Mathematik eigentlich aus der Sprache und den Ideen (der Vorstellungen) besteht. In der ersten Klasse der Grundschule lernen wir: 1 Apfel + 1 Apfel = 2 Äpfel. Dieser Grundlogik können wir daher alle folgen.

Aber: 1 Apfel + 1 Birne = 2 Früchte, 1 Apfel + 1 Ast = 2 Baum- oder Pflanzenteile, 1 Apfel + 1 Auto = 2 Sachen (wenn wir einmal nur von den reellen Dingen sprechen [was hier genügt, um die Komplexität aufzuzeigen, die noch gesteigert werden könnte, wenn wir auch irrelle Dinge einbeziehen würden]). Aber: 1 Apfel + 1 Auto ≠ 2 Früchte. Dieses Gleichungssystem geht also nicht auf, denn eigentlich wäre ja zu erwarten, dass wir Äpfel durch Birnen, Äste und Autos ersetzen können sollten, weil in der (reinen) Mathematik immer 1+1=2 sein soll – das geht aber nur in der letzten Gleichung der allgemeinsten Gattung auf (weil alle genannten Dinge als Sachen bezeichnet werden können), und von dieser ausgehend ferner absteigend, nicht aber bei allen Untergattungen gleichermassen. Wir sehen: die Sprache spielt in der Logik der Mathematik eine viel grössere Rolle, als vielleicht allgemein vermutet wird.

Die Logik erfordert auch und gerade auch unser Sprach- und v.a. auch unser Sinnverständnis. Dieses Gleichungssystem hat eine gewisse Logik, aber es ist keine rein mathematische Logik. Sondern: der Sinn macht die Logik aus. Der Sinn ist für die Beziehung von Sprache und Welt massgeblich (wie schon der bedeutende Logiker Gottlob Frege sagte [wobei ja gerade er es war, welcher die Logik trotzdem weiter vermathematisierte]). Im Gegensatz zu den mathematischen Logikern müssen wir den qualitativen gegenüber dem quantitativen Wert hervorheben, auch wenn dieser schwieriger bestimmbar ist: Logik ist eben keine eingleisige Sache!, und das ist eine ganz wichtige und grundlegende Erkenntnis (wäre sie dies, so würde sie einem Schachspiel gleichen, in welchem wir versuchen, unsere Züge zu machen und zu berechnen, ohne jene des Gegners zu sehen und zu berücksichtigen: so einfach ist aber eben nicht einmal eine Schachpartie, geschweige denn die Wirklichkeit, die Wahrheit und die Weisheit – die Welt verändert sich ständig, und die Logik verändert sich mit ihr, wenn auch vielleicht nicht fundamental, in ihren Grundfesten, so doch partiell, in ihren relativen Bezügen).

Die Naturwissenschaftler sagen, alles in der Natur sei Mathematik, daher ist es nicht erstaunlich, dass für die Logiker auch die Sprache Mathematik ist, und dass sie natürlich zum Schluss kommen, dass auch die Logik selber (vollständig) mathematisch aufzufassen sei – aber sie haben nicht recht. Denn es kommt (auch und v.a.) auf den (sprachlichen und sprachlogischen) Sinn an, nicht (nur) auf die mathematische Formalität. Es ist auch darauf hinzuweisen, dass ein Wort (z.B. Ja) oder ein Satz (z.B. Ja, so ist es) in verschiedenen Kontexten ganz verschiedene Bedeutungen haben – wir können eine x-beliebige Frage stellen, und jedes Mal bedeutet das selbe Wort oder der selbe Satz etwas ganz Anderes. Ob es logisch ist oder nicht, das zeigt uns nur der Sinn und Kontext davon an.

Wir können aber noch tiefenlogischer überlegen, und die Logik auf Handlungen beziehen. Sollten wir dies nicht grundsätzlich tun? Eine Handlung, die in einem Kontext vollkommen unlogisch erscheint, kann in einem anderen Kontext vollkommen logisch erscheinen. Zum Beispiel können wir etwas vollkommen Verrücktes tun, was nicht mehr verrückt erscheint, sondern logisch, wenn man weiss, dass wir vorher eine Wette darüber abgeschlossen haben, dies zu tun. Dann ist es plötzlich eine logische Handlung – weil sie einen klaren und logischen Hintergrund hat. Auch hier kommt es auf den Hintergrund bzw. den Sinn der Handlung an.

Die Unterscheidung von Logik und Unlogik führt uns auch zum Thema der Freiheit – wir können uns ja auch bewusst unlogisch verhalten (zumindest so, dass unser Handeln für die Anderen unlogisch erscheint). Wenn alle Handlungen der Welt logisch wären, so wäre dies paradoxerweise gleichbedeutend mit der Unlogik aller Handlungen, weil es dann keine besondere Logik geben würde. Das ist eine Wertfrage: bei der gleichen Logik oder Unlogik aller Handlungen, haben die einzelnen Handlungen bezüglich der Logik keinen unterschiedlichen Wert (sondern: einen Nullwert). Was im Denken der Sinn ist (mit der Frage: macht/ergibt es einen Sinn?, und wenn ja, welchen genau?), das ist im Handeln der Wert (macht/ergibt es einen Wert?, und wenn ja, welchen genau?). Wenn wir den Wert nicht verstehen, dann können wir auch den Sinn (der Handlung) nicht verstehen (bzw. die Handlung überhaupt).

An diesem Punkt, in welchem es um den Wert geht, setzt meine Logiktheorie eigentlich ein. Die Geschichte der Logik sehe ich im Wesentlichen in fünf verschiedenen Stadien: 1. Aristoteles (Organon – Klassische Logik), 2. Bacon (Novum Organum: Idolenlehre/Empirismus), 3. Agricola/Ramus (Dichotomien/Dialektik, 15./16. Jh.), 4. Arnauld/Nicole (Logik von Port-Royal, erkenntnistheoretische und psychologische Zusatzerwägungen), 5. Frege/Peirce/Russell & Whitehead (Begriffsschrift: Prädikatenlogik, spätes 19. Jh.). Frege richtete sich in seiner Logik noch nach dem (Denk-) Sinn aus (ebenso Hartmann in der Ontologie, notabene), während ich mich in meiner Logik nach dem (Handlungs-) Wert ausrichte. Sowohl in Port Royal wie bei Frege drückt die Sprache die Idee aus, in Port Royal repräsentiert diese die Welt, bei Frege verweist sie auf die Welt. Bei mir drückt die

Sprache einen Wert aus, welcher eine Handlung initiiert (es handelt sich also um einen ganz anderen Ansatz).

Wenn wir einmal ganz nüchtern die (Grund-) Logik der Welt zu erfassen versuchen, so könnten wir leicht dasjenige, was wir mehr oder weniger willkürlich in den Fokus nehmen, auch allzu stark in den Brennpunkt unseres Erwägens setzen. Wir sehen dies z.B. daran, wie die Wissenschaftler ihr eigenes Gebiet gegenüber den anderen Gebieten oft überschätzen. Für den Physiker ist alles Physik, für den Biologen alles Biologie, für den Psychologen alles Psychologie, für den Ökonomen alles Ökonomie, usw. usf., etc. etc. So kommen wir vermutlich nicht an die (Grund-) Logik der Welt heran. Wie aber sonst? Es scheint nur einen Weg zu geben für uns: Wir müssen mit dem Denken an den Anfang zurückgehen, d.h. wir müssen die Dinge gedanklich aus der Welt entfernen.

In einem vollkommenen Nichts oder Vakuum können wir nicht denken, mit einer kleinen gedanklichen Meditation – welche auch im westlichen Denken vertreten ist (vgl. René Descartes: "Meditationes de Prima Philosophia", dt. Meditationen über die Erste Philosophie, 1641) – ist dies aber doch möglich: indem wir nicht die Dinge wegnehmen, sondern nur den Wert der Dinge. Demnach haben sodann alle Dinge denselben – also: keinen – Wert. Welche Logik entwickelt sich nun aus dieser Situation heraus? Die entscheidende Frage ist, welche Dinge aus dieser Situation heraus aus welchen Gründen zuerst wieder einen Wert für uns bekommen. Abgesehen davon, dass wir wahrscheinlich rasch unseren Job, unsere Freunde und unsere Familie verlieren in einem solchen Gefühl der Wertlosigkeit von allem, könnten es z.B. in unserer heutigen Welt etwa die Strassen und die Autos sein, welche uns grössere Probleme bereiten bzw. eine grössere Gefahr für uns darstellen. Und das heisst eben: sie erinnern uns an bestimmte Werte und haben also für uns einen bestimmten Wert (auch wenn dieser negativ ist).

Liegt demnach gar die Angst in der (Grund-) Logik der Welt? Dies würde ja exakt der Auffassung der Existenzialisten entsprechen (vgl. Sören Kierkegaard: "Begrebet Angest", dt. Der Begriff Angst, 1844). Man wird aber vermutlich rasch erkennen, dass dies nur eine psychologische Logik begründen kann, nicht eine (Grund-) Logik der Welt (und ich erwähne dies auch nur, um zu zeigen, wie schwierig der Begriff der Logik wird, wenn wir diesen etwa auf das Gebiet der Psychologie beziehen). Dies darum, weil das Fühlen aus dem Leben herauskommt, und weil das Leben nicht der Grundstufe der Systematik vom (Da-) Sein entspricht. Wir kommen also zur Systematik zurück, wenn wir eine objektive Begründung für die Logik haben wollen. Die (Grund-) Logik der Welt besteht in einer Art Systematik, Matrix oder Logistik vom (Da-) Sein. Die Grundlagen dieser Logik würden dann v.a. aus den Erklärungen zur Systematik vom (Da-) Sein bestehen, die wiederum auch die Grundlage für die Ethik bilden würden (wie sie letztlich von der Politik her aufzufassen ist [das sollte alles einigermassen zusammenstimmen, wenn die Logik eine immanente und durchgehende sein soll]).

Ich sehe in der Logik fünf Teilgebiete, die ich nun kurz analysieren möchte: Logos (-begriff), Syllogismus (und darauf aufbauende spezifische Logik), Deduktion/Induktion, Dialektik sowie Epistemologie (d.h. Erkenntnistheorie, inkl. Sprachphilosophie – in dieses weitere Gebiet würde auch alles gehören, was ebenfalls zur Logik gezählt wird, sonst aber nicht eingeteilt werden kann [z.B. die alte Kategorienlehre]).

Der Begriff der Logik stammt – wie Heidegger auch sagte – vom Begriff des Logos (nach Heraklit: Urgrund und/oder Weltvernunft, Weltseele, Weltgeist). Wir können in der Logik eine Dreiheit von Logos-Logik-Logistik erkennen. Damit ist für den Begriff der Logik nicht nur ein Herkunfts-, sondern auch ein Zielbegriff gegeben. Die Logik liegt in der Logistik vom Logos. Das wäre ein logischer bzw. logistischer Ansatz, welcher einer systematischen Philosophie entspricht, in der die Logik eben nicht irgendwo in der Luft hängt, sondern an ein festes System gebunden ist. Die Anfänge der philosophischen Logik liegen im klassischen Syllogismus (etwa: Sokrates ist ein Mensch, Menschen sind sterblich, Sterblich ist Sokrates bzw. Sokrates ist sterblich. In diesem einfachen Schliessverfahren wird die Widerspruchsfreiheit angestrebt – ein uraltes Postulat der Logik, welches aber leider schon längst aufgegeben werden musste.

Die Realität ist komplexer als die Logik und diese nicht widerspruchsfrei. Deswegen müssen wir noch nicht gleich von einer Fuzzy Logic (also: einer unscharfen Logik) ausgehen, sondern: wir wollen gleichwohl versuchen, einfache logische Zusammenhänge zu ergründen. Eine – wie ich es bezeichne – serielle Logik (durchaus die serielle Schaltung in der Technik beinhaltend) kommt spätestens dann an ihre Grenzen, wenn ein dialektisches Moment in die Logik hineinkommt. Die Dialektik ist in verschiedenen Formen ebenfalls ein altes Werkzeug der Logik. Hegel behauptete sogar, die ganze Welt sei dialektisch aufgebaut – im bekannten These-Antithese-Synthese-Modell. Wir können daher sagen, dass es in der Logik sowohl die Serialität gibt – also: den einfachen Schluss vom Einen zum Anderen bzw. Nächsten – wie auch die Dialektik – also bei einem Widerspruch: den komplizierten Schluss vom Einen wider das Andere, aber letztlich in einem gemeinsamen Kompromiss, zu einem Dritten. Mit einer seriellen Logik, der Dialektik und der Fuzzy Logic – wenn man unter diesem Begriff allgemein einmal alles verstehen will, was wir beim besten Willen sonst auf gar keine Weise logisch erklären können – haben wir schon ein einfaches Grundspektrum der Logik erfasst.

Grundsätzlich sprechen wir in der Logik – d.h. in einer Wissenschaft der Logik – von der objektiven Logik; wir müssen aber erwähnen, dass es auch eine subjektive Logik geben kann (welche in der Wissenschaft nicht berücksichtigt wird). So wurde in der Philosophie etwa bei Bergson ein subjektives Zeitempfinden behandelt (gegenüber dem objektiven, mathematischen, wissenschaftlichen Zeitverständnis – Bergson verknüpfte dies jedoch teils mit der Relativitätstheorie von Einstein, was zeigt, dass die Philosophen und Wissenschaftler bemüht sind, auch dem Subjektiven immer auch etwas Objektives abzuringen).

Ganz entschieden verändert wurde die moderne Logik durch die neuzeitliche Erkenntnistheorie, in welcher die Frage gestellt wurde, wie wir die Welt überhaupt erkennen (und nicht nur, was wir in der Welt erkennen können). Wenn es unser Denken ist, welches die Welt bedeutet (und nicht umgekehrt), wie es die Idealisten behaupteten, dann kann es keine einheitliche Logik geben (wie die Realisten uns weismachen möchten). Schliesslich führte die Erkenntnistheorie auch zur Sprachanalyse. Eine solche würde dann einen grossen Sinn machen, wenn wir eine ideale und absolute Sprache begründen möchten. Aber: wollen wir das wirklich? In der Sprache gibt es (glücklicherweise wohl) – im Gegensatz eben zur Mathematik – die Konvention wie auch die Freiheit. Daher ist die Sprachanalyse – zumindest in der Philosophie – vermutlich nicht allzu viel mehr als eine Spielerei für Logik- und Analyseverliebte. Der Versuch etwa von Wittgenstein, die gesamte Logik – und mit ihr sogar die gesamte Philosophie – auf einen sprachanalytischen Boden zu stellen, wirkt jedenfalls auf einen vernünftigen Philosophen ziemlich verwegen bis sogar leicht absurd (vgl. Ludwig Wittgenstein: "Tractatus logico-philosophicus", 1921).

In den Bereich der Logik gehört auch die – philosophiegeschichtlich betrachtet – gute alte Kategorienlehre, in welcher Denkkategorien erhoben werden sollen. In meinem ersten Buch versuchte ich die teils verschiedenen Kategorien von Aristoteles und Kant zusammenzuführen, man könnte aber auch ganz einfache Fragekategorien machen – mit der Vorstellung des Denkens als einer Beantwortung der zehn W-Fragen: Wer? Wessen? Wem? Wen? Was? Wie? Wo? Wann? Warum? Wozu? In vielen Fällen wäre dies eine brauchbare Einteilung. Das Sein ist nicht anfänglich zuzuordnen, demgegenüber aber der Raum (Wo?) und die Zeit (Wann?), ferner das (doppelte) Kausalprinzip: Ursache-Wirkung (Warum?) und Grund-Folge (Wozu?), und ferner auch der ganze Bereich der Physik (Was? [Daseinsfrage, Antwort: dieses] und Wie? – die ganze Naturphilosophie beschäftigt sich eigentlich mit dieser Frage, welche auch am Anfang jeglicher Beobachtung steht). Es bleiben die personalen Fragen, welche auch auf einen Nominativ reduziert werden könnten, denn im Grunde lassen sich alle Fälle auch als Nominativ darstellen (Wer?). Damit erhalten wir in Verbindung mit der Systematik vom (Da-) Sein folgendes Kategorienschema: (Da-) Sein – Was, Raum – Wo, Zeit – Wann, Ursache-Wirkung – Warum, Grund-Folge – Wozu, Physik – Wie, Bewusstsein – Wer. In der Philosophie spielt also nicht nur die Frage nach dem Warum die bedeutendste Rolle, sondern alle diese Fragen sind immer wieder bedeutend.

In einem Schichtenmodell hat einerseits jede Schicht (oder bei mir: jede Dimension) ihre eigene Logik, andererseits gibt es aber auch eine Logik, welche das gesamte System durchzieht. Ich mache mir jedoch keine Illusionen über die Qualität der Klarheit, welche wir von einer Gesamtlogik erheben können. Die (vielen) philosophischen Versuche, die bisher dazu gemacht wurden, muten an, wie grossartiges Stückwerk, und auch ich kann höchstens Hinweise geben, wie eine gesamtheitliche Logik in Bezug auf meine Systematik beschaffen ist – das ist der grosse Vorteil des systematischen Philosophen. Die letzte Klarheit über alles wird vermutlich aber keine Logik der Welt vermitteln können. In Wahrheit ist die Realität viel zu komplex für unser Denken, und spätestens, wenn es um die Begründung einer exakten Logik geht, wird uns dies bewusst. Wir müssen uns aber daran erinnern, dass alles Denken – und so auch alle Systematik und alle Logik – blosse Hilfsmittel zum Verständnis der Welt bzw. zur Orientierung in der Welt sind (und auch nicht mehr oder weniger als dies je sein können).

Eine weitere grosse Frage besteht darin, ob es eine Versöhnung von Logik und Ethik geben kann, denn das sind ja auch zwei Gebiete, welche sich in der bisherigen Philosophie oft gegenseitig ausgeschlossen haben. Ich sehe eine Versöhnung im Ausbau der zuvor erwähnten Dreiheit der Logik zu einer Fünfheit von Logos, Syllogismus, Dialektik, System und Ethik: Syllogismus und Dialektik würden nach den vorausgegangenen Erklärungen der eigentlichen Logik entsprechen, System und Ethik ihrerseits der Logistik (wobei die Ethik sich auch aus dem System heraus erklären muss [d.h. wir können nicht eine Ethik behaupten, welche vollkommen neben der Logik des Systems liegt]). Das heisst: die Dialektik führt zum System – das ganze System (mit den Unterebenen der Systematik vom [Da-] Sein) beruht in seinem Aufbau quasi auf einer komplexen seriellen Dialektik (d.h. zwei nebeneinanderliegende Aspekte der einen Ebene führen immer dialektisch zu einem Aspekt der nächsten Ebene) – und das System führt (durch die Dimension der Handlung) zu einer Ethik. Ich möchte dies hier nicht genauer ausführen (weil ich auch die Unterebenen der Systematik nur kurz, und ohne weitere Erklärung, erwähnt habe [siehe: Kapitel 1.3.]).

5.4. Ethik.

Als ich begann, mich spezifisch mit einer philosophischen Ethik zu beschäftigen, dachte ich zuerst, mit einem ontologischen System müsste die Ethik eigentlich existenzialistisch begründet werden (zumal ich auch ursprünglich von einem künstlerischen bzw. belletristischen Existenzialismus herkam). Es ist jedoch relativ schwierig bis gar unmöglich, aus dem Existenzialismus heraus eine Ethik zu begründen, lässt doch diese philosophische Richtung (wie fast alle neueren Richtungen, notabene) die Ethik typischerweise zu einem grossen Teil offen. In der Abkehr von dieser Idee sah ich v.a. die Ethik der Antike, in zwei (Haupt-)Sätzen von Aristoteles, dem bedeutendsten antiken Philosophen des Westens, und Konfuzius, dem bedeutendsten antiken Philosophen des Ostens, welche beide und scheinbar unabhängig voneinander eine auf die Mitte bzw. das Mittlere zielende Tugend vertraten (dies war der Kernpunkt meiner Ethik in meinem ersten Buch).

- ➢ «Mass und Mitte bewahren – das ist die höchste Tugend.» (Konfuzius: "Lun yu", dt. Gespräche).

- ➢ Aristoteles: «So ist denn die sittliche Tugend eine Art von Mitte, insofern sie eben wesenhaft auf das Mittlere abzielt.» (Aristoteles: "Ethika Nikomacheia", dt. Nikomachische Ethik).

Davon ausgehend erarbeitete ich (in meinem zweiten Buch) drei verschiedene Stufen der Ethik: 1. Kondition, 2. Mediation, 3. Perfektion. Mit der Kondition (und Konditionierung) meine ich konkrete Handlungsanweisungen, wie sie z.B. in den Ideologien, d.h. Denk- und Glaubenssystemen, gegeben sind, aber auch etwa in juristischen Gesetzen oder bei Märchen, Sprichwörtern und Redensarten. Dies ist die häufigste Art von ethischen Sätzen, welcher wir auch im konkreten Alltag relativ oft begegnen. Mit der Mediation meine ich die erwähnten Sätze vom Mittleren. Hier wird ein Ausgleich bzw. eine Ausmittelung oder Vermittlung gesucht, in welcher immer das Mittlere zwischen zwei Extremen angestrebt werden soll (was wohl auch einer grundbürgerlichen Haltung entspricht). Man könnte auch – besonders wenn man die Ethik auf den Bereich der Politik ausdehnt – von einer Ethik vom Kompromiss sprechen (welche auch verwandt ist mit einer gewissen Doppelmoral, notabene, da eine reine Moral zu einer übermässigen Strenge und diese wiederum zur Antimoral führt [indem die Strenge über die eigentliche Moral gestellt wird (exemplarisch in absolutistischen Ideologien wie dem realexistierenden Faschismus und/oder Kommunismus)]).

Mit Perfektion meine ich jene Ethik, welche in der Philosophie und Theologie eigentlich die bedeutendste ist. Die bekanntesten Formen von ethischen Sätzen, welche nach der Perfektion streben, sind etwa die (sogenannt) Goldene Regel, die wir in irgendeiner Form aus allen Religionen kennen – bedeutend auch im Neuen Testament der Bibel – ferner die Sätze vom Guten in den Paulusbriefen und schliesslich der Kategorische Imperativ von Kant in der Philosophie (vgl. Immanuel Kant: "Kritik der praktischen Vernunft", 1788).

Die Perfektion kann nie ganz erreicht werden, dient aber stets als moralisches Ziel. Sie ist für die Moral unentbehrlich, auch für die Moral des Mittleren, weil es kein Mittleres gibt, wenn es keine Extreme gibt (und die Perfektion entspricht ja quasi dem guten Extrem bzw. dem extrem Guten). Es gibt moralische Fragen, in denen es keinerlei Abwägungen bedarf (dann kann das Beste auch einfach das Normale sein), wenn es aber um Abwägungen geht, kann die Moral des Mittleren weiterhelfen. Grundsätzlich sollten wir uns hohe Ziele setzen, um zumindest annähernd befriedigende Resultate zu erhalten. Das ist auch die eigentliche Arbeit der Ethik: nämlich das Aufstellen von moralischen Forderungen. Unter Ethik verstehe ich (ideell) allgemeine moralische Grundsätze, die Moral (bzw. deren Begriff) fasse ich dagegen (reell) als Lebensmoral auf, welche direkt mit den (praktischen) Schwierigkeiten des alltäglichen Lebens verknüpft ist. Sowohl die Ethik wie auch die Moral spielen eine bedeutende Rolle bei der politischen Herausbildung des Rechts der Justiz.

Als bedeutendste Grundsätze für das praktische Leben würde ich trotzdem (und weiterhin) die moralischen Sätze vom Mittleren betrachten. Die Mitteposition hat auch eine bedeutende ontologische Relevanz (wie sich in meiner Systematik vom [Da-] Sein zeigt). Die ontologische Mitte verstehe ich als eine seinswesentliche Mitte, durchaus in der Auffassung von Konfuzius und Aristoteles, oder auch von Jesus Christus: sein Satz, wonach das Reich Gottes mitten unter uns liege, macht besonders deutlich, dass das Mittlere nicht etwas Vorgegebenes ist, sondern etwas, was man immer wieder suchen und neu finden muss. Denn es ist immer wieder das Ziel, nach welchem wir streben sollen (damit wir nicht Extremen anheimfallen und uns in diesen verzehren; natürlich gibt es auch in einer Ethik des Mittleren gewisse Tendenzen, die auf die eine oder andere Seite ausschlagen können, aber niemals ein reines Extrem). Auch wenn wir das Hauptgewicht auf die Mediation legen, dürfen wir aber die Kondition und die Perfektion niemals ausser Acht lassen.

Sonderthema: Philosophie des Glücks. Aristoteles sagte, das höchste Gut des Menschen sei das Glück. Etwas Besseres wurde seither vermutlich kaum erwogen. Ich habe aber einen interessanten Zusatz gefunden – bei der minimalistischen Malerin und Philosophin Agnes Martin: «Was wir wirklich wollen, ist dem Glück dienen. Wir möchten, dass alle glücklich sind, nie unglücklich, auch nur für einen Augenblick. Wir möchten, dass die Tiere glücklich sind. Das Glück eines jeden Lebewesens ist das, was wir wollen. Wir wünschen es so sehr, doch wir können es nicht herbeiführen. Wir können nicht einmal einen einzigen Menschen glücklich machen. Es scheint, dass die Sache, die wir mehr als alles andere wollen, für uns unerreichbar ist. Doch wir sind geboren, dem Glück zu dienen, und das tun wir auch.» (Agnes Martin: "Writings", dt. Schriften, 1992). Dass dies nicht immer gelingt oder genügt, ist ein anderes Thema (was auch an einer gewissen Perfidität in der Welt liegt, die wir trotz allem guten Willen nicht wegzubringen scheinen, so dass wir also damit leben müssen und trotzdem, oder gerade auch deswegen, unser Bestes geben sollen). Sich vielleicht etwas allzu sehr in die Mystik versteigend, sagt Agnes Martin weiter: «Die Verwirrung kommt von unserer mangelnden Erkenntnis gegenüber dem wahren Glück. Das Glück durchdringt alles. Es ist überall. Und überall dasselbe. Und es ist ewig. Wenn die Leute wirklich glücklich sind, sagen sie: "Das wird ewig dauern, sogar über den Tod hinaus", und das ist wahr. […] Es ist etwas Abstraktes. Es ist nicht manchmal mehr und manchmal weniger. Es ist unsere Erkenntnis des Glücks, die zunimmt und abnimmt. Glück ist unser wirklicher Zustand.» Ich lasse dies einmal so stehen, mit diesem leicht mystischen und/oder esoterischen Klang – Frau Martin beschäftigte sich auch intensiv mit dem Buddhismus. Was wir aber dazu sagen müssen: genau so, wie es mit dem Glück ist: dass es immer dasselbe und immer gleichviel ist, so ist es auch mit der Schuld. Erst wenn wir dies begriffen haben, können wir gute Menschen werden, die gute Dinge tun. Der Mensch ist einerseits in ewige Schuld verstrickt, andererseits aber auch mit ewigem Glück bedacht.

5.5. Politik.

Den ethischen Satz des Mittleren betrachte ich auch in der Politik als relevant, v.a. im Parteiensystem erweist sich eine mittlere Position des Kompromisses als eine ausgewogene Position (auf die Mitte zielen, kann aber, insbesondere in der Politik, auch bedeuten, durch einen parteiischen Standpunkt einen Ausgleich zu schaffen [in einem politischen System, in welchem ein solcher nicht oder nicht ausreichend gegeben ist (und natürlich kann diese Überlegung auch schon auf der Ebene der Ethik bedeutend sein)]). Die philosophische Ethik und eine soziologische Politik haben für mich einen direkten Zusammenhang. Häufig ist es auch die mittlere Position, welche sich in der Realpolitik durchsetzt, während es nicht selten etwas gefährlich wird, wenn die Extreme einen zu grossen Einfluss haben. Aristoteles wies in seiner Ethik zudem daraufhin, dass sich die Extreme berühren – im Extrem wird dieses (auf beiden Seiten) zum Extrem an und für sich (so dass es nicht mehr um die eigentliche Position geht, sondern nur noch um das Extrem). Ebenfalls bedeutend, und im Politischen sehr wichtig, ist für mich das (ur-) bürgerliche Credo: von Freiheit, Gleichheit und Brüderlichkeit.

Die Brüderlichkeit kann man heute auch geschlechtsneutral sehen – allerdings ist aber die Verfälschung der Formel problematisch, weil sie dann willkürlich wird, so dass ich bei der alten Form bleiben würde. Wir können sagen, dass mit einer Brüderlichkeit per se auch eine Schwesterlichkeit bzw. Verwandtschaftlichkeit mitgemeint ist. Zwar stammt der Begriff aus dem Religiösen, man kann ihn aber heute natürlich nicht mehr rein patriarchalistisch auffassen; und es ist ferner hinzuweisen auf die beiden ergänzenden Begriffe der Freiheit und der Gleichheit: die drei Begriffe schaffen untereinander auch einen gegenseitigen

Ausgleich. (Brüderlichkeit und Gleichheit sind natürlich übrigens nicht dasselbe, denn in der Verwandtschaft gibt es auch erhebliche bzw. zu berücksichtigende Unterschiede, in der Gleichheit dagegen nicht, und so ist die Brüderlichkeit eigentlich etwas zwischen der Freiheit und der Gleichheit.)

Dieses (so kompliziert erscheinende) bürgerliche Credo lautet (rechtverstanden) so: Wahre Freiheit = wahre Gleichheit = wahre Brüderlichkeit. Die Gleichheitszeichen setzen die wahren Gedanken in Bewegung, welche es bei dieser komplexen (und auch fast ein bisschen magischen) Formel zu berücksichtigen gilt. Wenn wir dies je umsetzen könnten, nämlich: dass sich diese drei Begriffe nicht mehr bzw. nur noch minimal widersprechen, dann hätten wir, was wir damit eigentlich wollten (bei der Bürgerrevolution im 18. Jahrhundert [während das sozialistische oder auch das kommunistische und ebenso das neureligiöse Phänomen von Defiziten in der Umsetzung dieser Formel in der nachrevolutionären Zeit kommen]). Einfach ist die Umsetzung nicht, aber alles Andere ist auch nicht einfacher. Man muss sich vergegenwärtigen, was die Formel bedeutet, nämlich: dass wir uns in der Mitte treffen und von dort aus die Extreme angehen sollten (allerdings nicht zu ideologisch und zu streng, sondern im Allgemeinen eben: mit Mass und Vernunft [wobei es sicher auch Ausnahmen gibt, bei welchen eine gewisse Strenge angebracht ist]). Das ist für mich auch das Credo der wahren (bürgerlichen) Demokratie. Gibt es eine andere? Vermutlich nicht – wir müssen versuchen, die Fehler der Vergangenheit zu vermeiden, aber wir können und dürfen das wahre Bürgertum nicht verleugnen (sonst hintergehen wir auch die Demokratie, welche aus diesem herausgewachsen ist).

Derzeit sind in der Demokratie fünf grosse Richtungen auszumachen, und es scheint Anzeichen dafür zu geben, dass diese einer wohlgeordneten Demokratie entsprechen: 1. Konservativismus (rechts aussen), 2. Liberalismus (rechts [klassisch zu verstehen: primär als Wirtschafts- und erst sekundär aber auch als Gesellschaftsliberalismus]), 3. Christentum (mitte), 4. Sozialismus (links), 5. Ökologismus (links aussen – die linke Aussenposition ist nicht zwingend vergeben, sondern ergibt sich eigentlich aus dem progressiven Thema der Zeit [in der Zeit der Französischen Revolution standen rechts die Katholisch-Konservativen und links die Freiheitlich-Demokratischen – auch wenn sich gerade in den Aussenpositionen eine zunehmende politische Hektik entwickeln könnte, ist es möglich, dass der Ökologismus das dauerhafte und auch programmatisch zu verstehende Linksaussenthema bleibt]).

Das Zauberwort der demokratischen Machtpolitik scheint der Begriff der Integration zu sein (in diesem liegt auch der Unterschied zwischen der geglückten liberalistischen und der nicht oder nur halbwegs geglückten sozialistischen Revolution: die sozialistische Revolution wollte die Gesellschaft vollkommen umkrempeln, während die liberalistische Revolution die anderen Gesellschaftsfaktoren erfolgreich integriert hat). Die Aussenpositionen sind weniger integrativ als die Innenpositionen und die Mitte, daher haben sie üblicherweise in einer Demokratie weniger Macht (sind aber trotzdem bedeutend als Ideen- und Impulsgeber). Alle Positionen sind im Einzelnen vielschichtiger und eigentlich nur schwierig mit einem einzelnen Begriff zu fassen (denn in einer Demokratie kommen je sehr verschiedene Menschen zu einer politischen Grossrichtung zusammen).

In Bezug auf die Staatsformen halte ich mich an Churchills Aussage: dass die Demokratie die beste aller bisher ausprobierten Staatsformen sei. Zur (heutigen und ewigen) Demokratiediskussion muss man sagen, dass ein gutes Königreich besser ist, als eine schlechte Demokratie, aber die Demokratie ist eben auch deshalb das beste aller bisherigen Systeme, weil damit das Volk klar und eindeutig Stellung beziehen muss (und damit auch eine klar definierte Eigenverantwortung trägt). Und das Volk, so müssen wir heute vermuten, will auch immer wieder eine Volksherrschaft haben (zuerst, ausgehend von einem Königtum, die Parlamentarische Monarchie, dann die Republik und schliesslich eben die Demokratie). Das Volk muss sich einer Demokratie aber auch würdig erweisen – diese kann etwa zu einer Tyrannis oder Ochlokratie verkommen. Die Demokratie hat eigentlich, wenn auch auf eine andere Art und Weise, ebenso wie das Königtum, ein grosses Problem mit der adäquaten Nachfolge zur Sicherung der eigenen Konsistenz und Kontinuität (dessen sollte sich das Volk immer bewusst sein).

Was die Weltpolitik betrifft, so setze ich meine Hoffnungen in die United Nations Organization (UNO, dt. Vereinte Nationen) und überhaupt in eine supranationale und globale Organisation, wobei eine solche für mich nicht eine Entregionalisierung bringt: ganz im Gegenteil dazu, ist auf allen Ebenen eine gewisse Autonomie, wenn auch im Rahmen des Grossen und Ganzen, zu gewähren. Man sollte sich auch überlegen, ob nicht eine Dezentralisierung das Problem einer (zu) zentralistischen Weltregierung entschärfen könnte (indem man weltweit vernetzte und auch flexible Institutionen schaffen würde, statt einer Zentralorganisation). Es wird in der UNO immer das Problem der guten Organisation geben, wie das Problem ohne UNO auch (und vermutlich eben noch bedeutender) in der Nicht-Organisation besteht. Interessant ist in diesem Zusammenhang ferner, dass die Idee eines (Welt-) Völkerbundes von einem der grössten Denker der Philosophiegeschichte stammt (vgl. Immanuel Kant: "Zum ewigen Frieden", 1795). Dies ist neben der neuzeitlichen Wissenschaft und der Aufklärung und deren (Bürger-) Revolution einer der grössten konkreten Erfolge der Philosophie überhaupt.

In der politischen Organisation sehe ich (von unten nach oben) fünf logische Stufen: Gemeinde, (Gross-) Region (je nach Staat ist diese Ebene verschieden bezeichnet, z.B. als Bezirk, Land oder Kanton), Staat, Kontinent, Welt. Es gibt dabei durchaus auch kritische Punkte, die man in Bezug auf eine politische Weltorganisation gut betrachten muss, andererseits aber auch keine vernünftige Alternative dazu. Wenn man will, dass etwas möglichst gut behütet ist, dann muss man dafür schauen, dass es möglichst gut (und möglichst klug) regiert wird. Alles Andere dürfte sich letztlich als nicht praktikabel erweisen. Wir können uns schon vorstellen, dass in irgendeiner fernen Science-Fiction-Zukunft eine komplizierte Vernetzung von Computern über die Menschen herrschen wird, aber vermutlich wollen wir das letztlich eben doch nicht, sondern: wir möchten natürlich eine menschliche Kontrolle über die Maschinen und Computer bewahren. Das ist die ewige Utopie der Menschen gegenüber der Dystopie, welche die Science Fiction uns heute in gar nicht erbaulichen Bildern (bzw. Filmen) aufzeigt.

Der Staat ist heute durch die im 20. Jahrhundert aufgekommene supranationale Organisation in Frage gestellt. Ich bewerte eine verstärkte supranationale Organisation in der Welt als sehr wichtig und bedeutend, ebenso aber auch die bleibende Bedeutung des Staates. Der Staat wird zu einem logischen Zwischenglied in einer höheren Struktur. Eine allzu nationalistische Position erscheint vor diesem Hintergrund nicht mehr zeitgemäss zu sein, ebenso aber ist eine anti-nationalistische Haltung nicht sinnvoll. Die supranationale Organisation benötigt die Staaten als Säulen ihrer Struktur (gleichgültig wie weit die Kompetenz der supranationalen Organisation reicht).

5.6. Zur (reinen) Philosophie allgemein und abschliessend.

Philosophie heisst für mich etwa: Glauben/Staunen, Zweifeln/Fragen, Suchen/Wissen (und dies keineswegs in einem deterministisch ausgerichteten Sinn, sondern mit einem offenen Geist: selbst im Wissen können wir glauben und selbst im Staunen können wir suchen). Ich möchte – abschliessend in diesem Kapitel zur Philosophie – die Geschichte der neuzeitlichen Philosophie, wie sie sich nach der Antike und dem Mittelalter ergeben hat, kurz darstellen. Ich sehe darin fünf grosse und bedeutende Richtungen: 1. Rationalismus (Descartes sowie in Deutschland: Leibniz-Wolffsches System) vs. Empirismus (Bacon, Locke, Hume) mit der gemeinsamen Begründung der neuzeitlichen Wissenschaft, 2. (Französische) Aufklärung und Transzendentalismus (Rousseau, Kant), 3. (Deutscher) Idealismus (Hegel), 4. Kulturkritik (Nietzsche), 5. Ontologismus (Heidegger, Hartmann, Hirt). Ich sehe die ontologische Betrachtung hier als Erbe der Kulturkritik bzw. als jene Richtung, welche uns, nachdem alles in Zweifel gezogen wurde und steht, eine aufbauende Philosophie zurückbringen kann (ohne in einem reinen und kritiklosen Positivismus zu enden, aber eben auch nicht in einem reinen Negativismus).

Man prüfe die aktuelle Philosophie ganz genau auf ihre Hintergründe und Bezüge, und man wird zu dieser Zeit überhaupt nichts wirklich und gänzlich Neues finden. Im 20. Jahrhundert gehören die Kritische Theorie in Deutschland (mit Horkheimer,

Marcuse und Adorno, inkl. Diskursethik [Apel, Habermas]) und der französische Poststrukturalismus (mit Deleuze, Foucault und Baudrillard, inkl. Dekonstruktionalismus [Derrida]) eigentlich direkt zur Kulturkritik, während die Analytische Philosophie sich der Mathematik und/oder Linguistik zugewendet (und damit von der Philosophie rechteigentlich abgewendet) hat; daher steht für mich die Ontologie (inkl. Neue Metaphysik) im 20. Jahrhundert als zukunftsweisende dritte grosse Richtung der aktuellen Philosophie heute bedeutend im Vordergrund. Denn sie ist die einzige verbliebene Richtung, welche sich in einem ganzheitlicheren Sinn mit der Philosophie beschäftigt.

Einer der bedeutendsten Analysten der Philosophie des 20. Jahrhunderts sprach bezüglich der psychologischen, negativistischen bis teils sogar apokalyptischen Philosophie des letzten Jahrhunderts von einem Selbst unter Druck: "The self under siege - part of what it's about - is the complexity of meaning. [...] We doubt that we could know enough about the big picture to even make sense. One of the battle cries of these lectures would be to just make sense. Because that would be very difficult to do. Because we'll be doing it in a situation in which there is way too much to make sense about. And I'm in a situation in which the complexity of the systems within we try to make sense are way way too complicated. Even our purest motifs get caught up in these systems." (Rick Roderick: "The Self Under Siege: Philosophy in the Twentieth Century", dt. etwa: Das Selbst unter Druck, Vortragsreihe 1993). Dies zeigt auch, wie schwierig der philosophische Ansatz derzeit überhaupt zu sein scheint.

Heidegger kann vermutlich trotz allem als bedeutendster Denker des 20. Jahrhunderts betrachtet werden. Bedeutender als die Philosophen waren aber eigentlich die Physiker, insbesondere Einstein mit seiner Relativitätstheorie (aber auch die Quantenphysiker). In der wissenschaftlichen Philosophie spielte aber der Relativismus (etwa bei Feyerabend) nur eine Nebenrolle. Zu Recht gab sich die Philosophie mit einem philosophischen Relativismus nicht zufrieden. Meine Philosophie soll eine umfassende Metaphysik und Ontologie erheben – vielleicht kann man sie als einen gewissen Fixpunkt in der Klassik der deutschsprachigen Philosophie – oder der klassischen Philosophie überhaupt –

betrachten (wiederum aber auch als ein Bindeglied zwischen dem [spät-] modernen und einem späteren postmodernen Ontologismus).

Heidegger hatte das Problem ja formuliert: es geht heute um die Versammlung des Ganzen und dessen äusserster Möglichkeiten (wörtlich: «Das Ende der Philosophie ist der Ort, dasjenige, worin sich das Ganze ihrer Geschichte in seine äussersten Möglichkeiten versammelt.» [Martin Heidegger: "Das Ende der Philosophie und die Aufgabe des Denkens", Vortrag 1964]. Freilich stimme ich Heidegger darin nicht zu, dass heute oder in Zukunft das Denken aufgegeben werden müsste, oder auch schon nur: könnte – auch wenn Heidegger den Begriff der Aufgabe hier durchaus doppeldeutig und spitzbübisch meinte, was ja auch seiner Art entspricht: in diesem Punkt bin ich eher bei Kant und der Klassik zuhause, selbst mit der Gefahr, dass es so erscheinen könnte, als ob die Philosophie wieder in eine elitäre Richtung gehen würde. Die Philosophie darf sich weder der Masse noch der Macht zu stark anpassen, sondern: sie muss eigenständig bleiben [und gerade dies sagt ja auch Kant]).

Interessant ist ferner eine Einsicht in die Aufgaben und/oder Funktionen der Philosophie im Lauf der früheren Zeit: 1. Weisheitsdichtung – Begründung der Weisheit (Altertum), 2. Welterklärung (Antike [frühe Philosophie]: Urgrund, System), 3. Wissenschaft (Antike/Klassik – Akademie, Aristoteles [Peripatos]), 4. Lebenshilfe (Antike/Hellenismus – Gemütsruhe; in einer offenkundig etwas turbulenten Zeit, im Untergang der klassisch griechischen Kultur, zielten eigentlich alle hellenistischen Schulen auf Ruhe und Ausgeglichenheit [Skeptik, Stoa, Epikureismus]), 5a. Frieden (Mittelalter/Patristik – Christentum), 5b. Wissenschaft (Mittelalter/Scholastik, Renaissance, Neuzeit/Wissenschaft: nicht erst die Renaissance, sondern schon die Scholastik kam aus einer Rückbesinnung auf die antike Klassik! [Wiederentdeckung von Aristoteles in der muslimischen und christlichen Philosophie] – diese neue Ära der Wissenschaft hatte ihren Anfang bereits im 11. Jahrhundert; hier hat sich also eine Epoche der Kulturgeschichte aus der Antike quasi wiederholt), 6. Vernunft (Neuzeit Aufklärung – eigentlich beginnt die Ära der Vernunft aber bereits beim Rationalismus [Neuzeit/Wissenschaft] – der Höhepunkt der Vernunftphilosophie liegt eigentlich bei Thomasius! [relativ unbekannt geblieben, im Vergleich mit den allerbekanntesten Philosophen]), 7. Kritik (Neuzeit/Moderne – diese beginnt bereits während der Aufklärung, etwa bei Voltaire, Rousseau und Kant, sie verstärkt sich aber deutlich nach Nietzsche). Die vergangenen Aufgaben bleiben der Philosophie erhalten – das zeigt sich eben auch darin, dass viele alte Richtungen heute noch ihre Ableger in der aktuellen Philosophie haben. Philosophie bestünde demnach etwa aus: Freundschaft zur Weisheit, Welterklärung, Wissenschaft, Lebenshilfe, Friedensbestrebung, Vernunfterhöhung und (Kultur-) Kritik sowie eben auch der von Heidegger formulierten und/oder gestellten (Spezial-) Aufgabe (welcher ich mich hier besonders gewidmet habe).

Können die Philosophen noch unsere Freunde sein? Die Frage von Sloterdijk – welcher, nebst etwa Precht, Zizek oder Chomsky, zu den bedeutendsten Public Intellectuals bzw. Philosophers dieser Zeit gehört – ob die alten verstaubten Philosophen überhaupt noch unsere Freunde sein können (vgl. Peter Sloterdijk: "Regeln für den Menschenpark", 1997/1999), traf mich abrupt mitten in meiner eigenen philosophischen Tätigkeit, welche ich in den frühen 1990-er Jahren begann – mit etwa 27 Jahren, quasi aus dem Nichts und einer grossen Lebens- und Sinnkrise heraus. Diese Frage irritiert mich bis heute – rund 25 Jahre später – ein bisschen. Wir können uns z.B. erfreuen über die Idee vom Schönen und Guten bei Platon, oder über die bemerkenswerten Anfänge der systematischen Wissenschaftlichkeit bei Aristoteles – und gleichzeitig gilt Aristoteles als Verteidiger, oder doch zumindest Dulder der Sklavenarbeit, und bei Platon finden wir sogar auch etwa ein Votum für die Eugenik (bis zur Euthanasie). Das sind Positionen, die uns heute abstossen, und die den entsprechenden Philosophen aus heutiger Sicht vielleicht abwerten. Was wollen wir damit anfangen? Vielleicht nicht mehr und nicht weniger als dies: dass wir das Interessantere aus der Philosophie-, Kultur- und Ideengeschichte entnehmen und etwas damit anfangen und das weniger Interessante einfach stehen- und seinlassen (frei nach Paulus eigentlich: prüft alles und das Gute behaltet [vgl. "Die Bibel", Der erste Brief des Paulus an die Thessalonicher]).

Es wird in der Zukunft qualitäts- wie auch quantitätsbezogen noch sehr viel schwieriger werden, sich in der Philosophie zurechtzufinden, als es heute schon ist. Und ich kann nur sagen: es ist heute schon enorm schwierig. Ich erwarte durch die heutige Öffnung der Philosophie (v.a. im World Wide Web) eine gewisse Überflutung mit Philosophie. Und vielleicht geht es heute auch eher darum, noch etwas zurechtzuschaffen vor der grossen Flut, als etwas abzuschliessen (wie man aus den Worten Heideggers folgern könnte). Wie die Universitäten, als vergangene, gegenwärtige und vermutlich auch zukünftige Hauptträger des philosophischen Erbes, damit umgehen werden/wollen, das steht in den Sternen geschrieben. Es wird – zumal: wenn wir in Zeitdimensionen von Hunderten, Tausenden oder Zehntausenden von Jahren denken (wie sie ja zumindest absehbar sind [wenn wir nicht gerade der schlimmsten Apokalyptik folgen wollen]) – je länger je mehr nicht nur eine Archivierung, sondern auch eine Konzentrierung des Wissens gefragt sein.

Damit möchte ich den Bereich der Philosophie hier verlassen – obwohl es noch so viel, ja: endlos viel, zu sagen gäbe (aber nicht in dieser Kurzfassung meiner Philosophie) – und ich möchte nun in den Bereich der Religion übergehen.

Kapitel II

RELIGION

Das Phänomen der Welt-Religion
(inkl. Maitreya- und Bibel-Betrachtung).

1. Der Begriff der Welt-Religion.

Der Begriff der Welt-Religion ist der zentrale Begriff, von welchem ich in meinen religiösen Überlegungen ausgehe. Gemeint ist damit eine Gesamtschau des Zusammenhangs der (heutigen sogenannten) Weltreligionen bzw. des Phänomens der verschiedenen Religionen überhaupt. Ich sehe fünf oder sieben grosse Religionen. Die fünf grossen Religionen sind (nach geografischer Lage [von Westen nach Osten auf dem eurasischen Festland]): das Christentum, das Judentum, der Islam, der Hinduismus und der Buddhismus – oder erweitert auf sieben: inkl. chinesische Religionen des Taoismus und des Konfuzianismus. Man könnte in weiteren Erweiterungen noch mehr Religionen – z.B. den Shintoismus (und andere Naturreligionen), den Parsismus, den Bahaismus, den Rastafarianismus, usw. usf., etc. etc. – bzw. alle Religionen einbeziehen, aber die fünf oder sieben angegebenen Religionen bilden den Kern des Phänomens der (heutigen) Welt-Religion.

Der Kerngedanke der Gesamtschau liegt im Begriff der Ökumene, wie sie etwa begründet wurde von den Ökumenischen Konzilien im frühen Christentum, vom Zweiten Vatikanischen Konzil (1962-1965) – diese je bezogen auf eine innerchristliche Ökumene – sowie vom Weltparlament der Religionen (erstmals 1893, mit der Führungsinitiative des hinduistischen Vertreters Swami Vivekananda]), ferner in der heutigen Zeit speziell etwa vom ökumenischen Papst Johannes Paul II. und v.a. auch vom ökumenischen Theologen Hans Küng – dieser ging am Deutlichsten im Christentum auch über dieses hinaus. Ursprünglich meint der Begriff der Ökumene eine innerchristliche Ökumene, aber natürlich kann und muss dieser Begriff heute in einer weltreligiösen Betrachtung (auch) weiter gefasst werden.

Der Begriff einer umfassenden Ökumene beinhaltet für mich alle Religionen, ja sogar noch darüber hinaus: auch (philosophische und andere) Ideologien. Wie Küng sagte, wird damit eine Weltverständigung und ein Weltfrieden angestrebt (vgl. Hans Küng: "Projekt Weltethos", 1990). Bedeutend aufgenommen wurde dieser Begriff ebenfalls vom Weltparlament der Religionen 1993: mit einer Erklärung zum Weltethos. Es wäre aber falsch zu glauben, ein solches könne man in einer einzigen interreligiösen Konferenz rasch zusammenstellen: dies wird Jahrzehnte und Jahrhunderte benötigen, vielleicht sogar Jahrtausende. Man geht heute noch immer davon aus, dass die einzelnen Religionen relativ wenig miteinander zu tun haben und eben vereinzelt existieren. Ich gehe dagegen von einem bedeutenden Zusammenhang zwischen den Religionen aus, und davon, dass dieser auch ein bedeutendes Phänomen der (Welt-) Religion begründet.

Wenn man auch die Philosophie in eine geistliche und geistige Ökumene einbezieht, so muss man selbst den Atheismus in eine Diskussion rund um die Welt-Religion mitberücksichtigen. Im Zentrum der Welt-Religion steht natürlich aber Gott, der Schöpfer. Wo es um Religion geht, da geht es – mehr oder weniger bedeutend – eigentlich immer auch um Gott (im Monotheismus), oder um verschiedene Götter (im Polytheismus), oder zumindest um ein göttliches Prinzip (im Taoismus). Dies gilt auch für den Buddhismus, notabene, denn Buddha Gotama wollte seine Erkenntnis und Lehre zuerst vor den Menschen verbergen, und erst der indische Schöpfergott Brahma hat ihn dazu ermuntert und überredet, diese zu verbreiten. Das heisst: die Rechtfertigung vor dem Schöpfergott spielt im Buddhismus eine bedeutende Rolle (zumindest nach den alten Schriften – auch wenn die buddhistische Theologie diesem Umstand relativ wenig Beachtung schenkt). Im Taoismus, einer philosophischen Religion, spielen auch alte Volksgötter und -traditionen eine gewisse Rolle, zudem kann man das Tao als eine Art göttliches Prinzip oder göttliche Kraft verstehen – es gibt eben kaum eine Religion, welche nicht zumindest mit einer göttlichen Kraft im Zusammenhang steht. Konfuzius sprach dagegen (im Konfuzianismus) sogar ganz klar von einem monotheistisch aufzufassenden Gott (namens: Shang-ti, d.h. Herr des Himmels) – dieser ist also, entgegen manchen Meinungen, auch in China keine Unbekannte.

Exkurs: Gottesnamen. Gott kann viele verschiedene Namen haben. Dies sind Gottesnamen von Haupt- und Schöpfergöttern aus verschiedenen Weltgegenden und -zeiten (u.v.a.). Abba (Bibel, Neues Testament), Adonai (Bibel, Altes Testament), Ahura Mazdao (auch: Ormuzd, oder: Aramazd, Parsismus), Allah (Koran), Amaterasu (Shintoismus), Amma (Afrika [Dogon]), Ape-kamuy (auch: Ape-huci-kamuy [Ainu]), Ar-Rahman (Koran), Aton (Ägypter [unter Pharao Echnaton]), Baal (Kanaaniter), Baiame (Australien [Aborigines – oder: kein Gott?]), Brahma (Altindien), Demiurg (Philosophie [Sokrates, Platon, Aristoteles]), Elohim (Bibel, Altes Testament), Enlil (auch: En-Lil [Mesopotamien (Sumerer, Babylonier, Akkader, Assyrer)]), En Sof (auch: Ain Sof, Kabbala), Engai (Afrika [Massai]), Huitzilopochtli (Azteken), Hunab Ku (Maya), Jah (Rastafari), Jahwe (auch: JHWH, Bibel, Altes Testament), Jupiter (Römer), Mana (Melanesier/Polynesier), Manitu ([Algonkin-] Indianer), Mulungu (Afrika [Bantu]), Nannar (Bewohner von Ur), Natigay ([Alt-] Mongolen), Nun (Mesopotamier), Odin (auch: Wotan, Germanen), Olorun (Afrika [Joruba]), Pachacamac (Inkas), Pangu (auch: Pan Gu, Chinesen), Ra (Ägypter), Rangi und Papa (Maori), Satnam (Sikhs), Shang-ti (Konfuzianismus]), Sila (Indianer [Inuit]), Svarog (Slawen), Tao (Taoismus), Teutates (Kelten), Unkulunkulu (Afrika [Zulu]), Utixo (auch: Tixo, Afrika [Xhosa]), Wakan Tanka (auch: Wakanda, [Lakota-] Indianer), (Herr) Zebaoth (Bibel, Altes Testament [Prophetenbücher]), Zeus (Griechen). Im alten Mesopotamien gab es auch sehr bedeutende Stadtgötter, welche die Hauptgötter (einer Stadt) waren, wie etwa Assur (Assur), Marduk (Babylon) oder Nanna (Ur). Natürlich ist auch die Bezeichnung für Gott in verschiedenen Sprachen ein Gottesname: Dieu (Französisch), Dio (Italienisch), Dios (Spanisch), God (Englisch), Gott (Deutsch), Ishvara (Sanskrit), Khoda (Persisch/Iranisch), usw. usf., etc. etc. Man muss sich diese Liste vergegenwärtigen, um das Problem zu erkennen. Es fängt ja eben schon beim rein sprachlichen Begriff an (welcher eigentlich an sich noch gar nichts zu tun hat mit einer religiösen bzw. theologischen Verschiedenheit).

Wichtig ist bezüglich der Gottesvorstellung, dass wir ein allzu klares Bild von ihm verwerfen: er kann sowohl im Grössten wie auch im Kleinsten betrachtet werden – eine Vorstellung, welche uns nicht erst die heutige (Quanten- und Nano-) Physik nahelegt, sondern bereits die uralte Mystik: Gott ist überall, aber er wirkt besonders zum Guten. Ein rechter deutscher Politiker des 20. Jahrhunderts (namens Franz Josef Strauss) warf die Frage auf, ob der Geist (politisch) rechts oder links stehe (Strauss behauptete, dass man den Geist zu seiner Zeit, in der zweiten Hälfte des 20. Jahrhunderts, links sehe, dass dies aber nicht stimme). Ich würde sagen: der Geist ist im Konservativen rechts und im Progressiven links zu sehen. Also: rechts und links, gross und klein. Gott hätte die kleinsten Dinge, aus welchen unsere Natur besteht – und mit denen sich die heutige Naturwissenschaft beschäftigt – nicht erschaffen können, wenn er nicht auch im Kleinsten zuhause wäre. Und es ist darum in der Bibel gesagt, dass wir uns kein allzu klares Bild von Gott machen sollen, damit wir uns nicht allzu sehr über die verschiedenen (menschlichen) Gottesbilder streiten müssen.

Die wichtigste Figur nach dem Gott (oder den Göttern) ist die Erlöser- und/oder Vermittlerfigur. Die zwei bedeutendsten Figuren dieser Art sind der Christus Jesus (im Westen) und der Buddha Gotama (im Osten). Tatsächlich kann Buddha im Bezug zur alten brahmanischen Religion in Indien in einer ähnlichen Weise als Erlöserfigur gesehen werden wie Jesus in seinem Bezug. Der Begriff der Religion bedeutet Wiederverbundenheit, oder: Wiederverbindung, und für eine Wiederverbindung wird ein Medium benötigt: ein Gott und/oder eben eine Erlöserfigur (aber auch diese benötigt eben vorab einen Gott, zu seiner eigenen Legitimation). Der Erlöser ist nicht ein Erlöser von etwas Bestimmtem, sondern: ein Erlöser nach allen Seiten hin. Die Erlösung als solche steht für ihn im Zentrum seiner Mission (in einem gewissen Sinn ist eine solche Erlösung aber auch eine Erfüllung, und zwar ebenso eine Erfüllung nach allen Seiten hin – wir haben in der Religion immer auch eine gewisse und manchmal auch etwas schwierige Ambivalenz, die in vielen (oder allen) religiösen Phänomenen und Fragen mitschwingt [diese gibt es nicht nur zwischen den verschiedenen Religionen, sondern bereits auch in den Konfessionen der selben Religion]).

In fast allen grossen Religionen wird – wie es v.a. in der Theosophie bekannt ist – noch ein bedeutender Gesandter Gottes erwartet: im Christentum ist es der Paraklet (Geist), im Judentum noch immer der Messias (da ein strenges Judentum Jesus nicht – oder nicht ganz – als Messias anerkennt), im Islam ist es der Imam Mahdi (d.h. Imam der Zeit), im Hinduismus sind es verschiedene unübersichtliche Wiedergeburten von Göttern und Helden (z.B. von Krischna und Rama), im Buddhismus ist es der Maitreya Buddha, und dieser scheint klar die bedeutendste Figur unter all diesen Figuren zu sein. Keine andere Figur hat eine bedeutendere und realistischere Rezeption, auch im Westen (und von diesem Maitreya Buddha wird im nächsten Abschnitt die Rede sein).

Während meiner Beschäftigung mit dem Christus Jesus (siehe: in meinem ersten Buch) habe ich mich im Zusammenhang mit dem Begriff der Welt-Religion u.a. mit der Himmelsvorstellung bzw. Himmelsordnung beschäftigt. Eine solche gibt es – vom katholischen Haupttheologen Thomas von Aquino, übernommen von Dionysius Areopagita seit dem Mittelalter. Diese alte Himmelsordnung voller geheimnisvoller (und dunkler) Kräfte und Mächte, Cheruben und Seraphen, erscheint jedoch wenig sinn- und aufschlussreich, zumal auch der Name vom Christus Jesus darin gar nicht wirklich vorkommt. Auch scheint sie wenig direkten Bezug zur Bibel zu haben. Eine Himmelsordnung sollte – wenn immer möglich – direkt aus der Bibel abgeleitet sein. Die Begründung für dieses Thema findet sich bei Jesus Christus selber sowie auch bei Jakob im Alten Testament, welche je eine Himmelsleiter geschaut haben, mit daran auf- und absteigenden Engeln. (Offenkundig gab es in diesem ständigen Auf- und Absteigen noch keine feste Ordnung im Himmel, wie sie nach der Himmelfahrt Christi Jesu aber erwogen werden kann.)

Der Schluss von der biblischen Himmelsleiter auf eine Himmelsordnung ist naheliegend (mit oder ohne Thomas von Aquino). Im Zusammenhang mit dem Begriff der Welt-Religion ist dies andererseits auch nicht ganz unproblematisch. Die folgenden Erwägungen (welche im Wesentlichen den Darstellungen in meinem ersten Buch folgen) sind – wie ich vorausschicken muss – letztlich im Rahmen einer christlich-ökumenischen Vorstellung zu sehen, welche aus der Bibel abgeleitet ist. Im Buddhismus besteht beispielsweise eine ganz andere Himmelsvorstellung, jedoch gilt es hierzu zu sagen, dass aus dem Christentum vermutlich die klarste Himmelsvorstellung abgeleitet werden kann. Mir ist natürlich bewusst, dass ich die Philosophen und auch die Wissenschaftler mit einem solch esoterischen Thema etwas verwirren könnte, aber ich muss hier auch die Tragweite meiner ganzen geistigen und geistlichen Arbeit darstellen. Wer sich über das Grosse und Ganze Gedanken macht, der kommt fast notgedrungen auch irgendwann auf das Thema der Esoterik.

Ich gehe von sieben Himmeln aus – wie es in der Volksreligion heisst (sowohl im Christentum wie auch im Islam). Und ich gehe weiter davon aus, dass jeder dieser sieben Himmel von einem Himmelsfürsten regiert wird. Im obersten und höchsten Himmel befindet sich natürlich Gott auf seinem Thron, während zu seiner Rechten der Christus Jesus steht. Die linke Position ist (im Neuen Testament der Bibel) frei, und es scheint logisch, an diese Stelle den Buddha Gotama zu setzen (weil dieser die grosse Erlöserfigur im Osten ist – diese leere Position war auch die Urmotivation zur Erwägung einer Himmelsordnung). Als weitere Himmelsfürsten sehe ich die Erzengel – sinngemäss in den Himmeln zwei bis fünf. Üblicherweise ist von vier (bedeutenden) Erzengeln die Rede (alphabetisch): Ariel oder Uriel – diese beiden Engelsnamen werden oft in einer Verbindung gesehen (Auriel): für mich sind dies hier Namen für zwei Ausprägungen des selben Engels – Gabriel, Michael und Raphael. Wie lautet die richtige Rangfolge unter diesen Erzengeln? Sie leitet sich (natürlich, ganz einfach) aus der Bibel ab: Gabriel ist der wichtigste Erzengel, denn er kommt in den Evangelien Jesu Christi vor, welche inhaltlich im Zentrum des Neuen Testaments stehen, dann folgt Michael, da er in der Johannesoffenbarung vorkommt, ferner Raphael, welcher nur in den apokryphen Schriften des Alten Testaments vorkommt, und schliesslich Ariel und/oder Uriel, welcher in der Bibel nicht vorkommt. In dieser Reihenfolge sind diese Himmelsfürsten vom zweiten bis zum fünften Himmel einzureihen. Ariel/Uriel hat dabei eine spezielle Position, die ich darin sehe, dass oberhalb von ihm die erdenfernen und unterhalb von ihm die erdennahen Himmel liegen. Der fünfte Himmel ist also so etwas wie die Verbindung der beiden Sphären (der irdischen und der himmlischen Himmel). Nun müssen noch die zwei untersten Himmel genauer bestimmt werden. Welche Figuren (aus der Bibel) kommen weiter in Frage als Himmelsfürsten? Zuerst einmal Petrus, nämlich als Himmelspförtner (und Wettermacher), wie er in der Volksreligion bekannt ist. Er würde sich demnach im untersten, erdennahesten Himmel, also im siebenten Himmel (von oben her gezählt) befinden. Es bleibt der sechste Himmel, und hier sehe ich die Figur von Elia als Himmelsfürsten, weil er in der Bibel – neben Jesus Christus – die einzige Figur ist, von welcher auch eine Himmelfahrt berichtet wird (das heisst: es muss sich hierbei auch um eine sehr bedeutende Himmelsfigur handeln!). Und schon haben wir die sieben Himmel mit den sieben Himmelsfürsten bestimmt.

Zu den einzelnen Himmeln kann man nun noch eine Himmelsbezeichnung anführen, welche sich aus der bedeutendsten Eigenschaft des jeweiligen Himmelsfürsten ergibt (siehe: die folgende tabellarische Zusammenstellung). Diese ist bedeutend für den ökumenischen Sinn dieser Ordnung, während die Himmelsfürsten – ausser dem Einbezug Buddhas – an und für sich sehr biblisch ausgerichtet sind. Zu verweisen ist aber auch auf die grosse Bedeutung des Erzengels Gabriel für den Islam: er hat Mohammed nach der islamischen Überlieferung den Koran diktiert. Ist es denkbar, dass jede Religion ihren eigenen Himmelspförtner hat (welcher mit den irdischen Vertretern der Religion in engstem Zusammenhang steht [wie es sich mit Petrus und den Päpsten verhält])? Das ist denkbar, allerdings scheint Petrus die einzige Figur zu sein, welche in einem solchen Zusammenhang so bedeutend erwähnt ist. Die bedeutende Stellung von Petrus (und damit auch der Päpste) bedeutet natürlich nicht, dass man denjenigen vergessen soll, welcher von der Freiheit in der (christlichen) Religion gesprochen hat (vgl. Martin Luther: "Von der Freiheit eines Christenmenschen", 1520).

Himmelsordnung	Himmelsfürst	Himmelsbezeichnung
1./7. Himmel	Jesus-Gott-Buddha	Himmel des Thrones
2./6. Himmel	Gabriel	Himmel der Erlösung
3./5. Himmel	Michael	Himmel der Offenbarung
4./4. Himmel	Raphael	Himmel der Heilung
5./3. Himmel	Ariel/Uriel	Himmel des Unbestimmten
6./2. Himmel	Elia	Himmel des Feuers
7./1. Himmel	Petrus	Himmel des Schlüssels

Anmerkung: die Himmelsordnung kann von oben nach unten oder von unten nach oben betrachtet werden (daher die zweifache Nummerierung der Himmel, also z.B. erster Himmel von oben und/oder siebenter Himmel von unten).

Interessanterweise hat die Ordnung im obersten Himmel die umgekehrt gleiche Ausrichtung wie die geografische Ordnung der (Welt-) Religionen auf Erden. (Es ist dabei zu bedenken, dass wir die drei Namen im Vergleich zur Anordnung in der Vorstellung spiegelverkehrt schreiben. Es sieht so aus, als stehe Jesus hier links, aber es ist umgekehrt: wenn er rechts steht, erscheint er uns links und umgekehrt – das ist wie auf der geografischen Karte: wir zeigen auf die linke Seite, von uns aus gesehen, von der Karte selber aus gesehen, quasi, ist es aber die rechte Seite [solch komplizierte Überlegungen müssen wir uns nur machen, wenn wir über (esoterische) Medien reden, hier: das Medium des Himmels].) Auf Erden haben wir im Westen den Christus Jesus (mit dem Christentum), in der Mitte die unvermittelte Gottesreligion (mit dem Judentum, dem Islam und dem [polytheistischen] Hinduismus) und im Osten den Buddha Gotama. (Natürlich sind die Begriffe vom Westen und vom Osten immer standortabhängige Begriffe!, ich verwende hier die gebräuchliche Ansicht im europäischen Westen). Die Himmelsordnung im höchsten Himmel ist also in einem gewissen Sinn identisch mit der (religiösen) Weltordnung auf Erden. Wer hat denn etwas Anderes erwartet? (Die Namen von Jesus und Buddha sind übrigens absichtlich in der Kurzform gewählt: d.h. Jesus ist mit persönlichem Namen angegeben, Gotama aber nicht [auch deshalb nicht, weil die Frage offen ist, ob Maitreya diese Position übernehmen wird oder nicht – dies wird uns erst der Maitreya selber sagen können]).

Wenn wir über den oder die Himmel sprechen, stellt sich natürlich auch die Frage, ob über dem (religiösen) Himmel denn noch etwas Anderes (Religiöses) ist? Gibt es noch einen Gott des Gottes (z.B.)? Und was geschieht, falls ein monotheistischer Gott tatsächlich sterben könnte, wie Nietzsche meinte (offenbar die abgestorbenen Götter der antiken Religion betrachtend)? Wird er dann durch einen höheren Gott, also wiederum: einen Gott des

Gottes, ersetzt? Ich glaube nicht, dass es über dem Himmel noch immer höhere Götter gibt, und für uns ist das auch gar nicht relevant, denn von solchem Geschehen würden wir zuerst einmal nicht allzu viel mitbekommen, es wäre reines Göttergeschehen. Gott ist und bleibt simpel und einfach Gott (auch wenn sich in ihm solche Dinge abspielen würden – das ist für uns Erdenbürger nicht relevant [und wenn es relevant werden würde, so würde er uns das auch mitteilen bzw. offenbaren, aber nicht durch irgendeinen Philologen oder Philosophen, sondern durch einen echten und als solcher erkennbaren Propheten. Wir können nur das sehen, was wir sehen können, und wir können uns ein paar Gedanken dazu machen, und damit müssen wir uns (für den Moment) begnügen.

2. Weltlehrer (Maitreya Buddha) und Wassermann-Zeitalter.

Zu diesem Thema habe ich einen besonderen Bezug: durch eine schwierige persönliche Gottesoffenbarung, welche ich heute als eine Aufforderung dazu deute, mich mit dieser Thematik speziell zu beschäftigen – mit dem Phänomen vom Maitreya Buddha, dem kommenden Weltlehrer (was ich denn auch in einer bestimmten Phase meines Lebens gebührend bzw. ausführlich getan habe). Der Maitreya Buddha gilt im Buddhismus als die grosse kommende Buddhafigur bzw. der Buddha der Zukunft. Auch im Westen hat diese Figur bereits einige Rezeptionen erfahren, mit Autoren wie Emil Abegg, Rudolf Steiner, Benjamin Creme oder Volker Zotz (u.a.). Ganz allgemein können wir von einem indologischen, einem buddhistischen und einem esoterischen Verständnis sprechen (und nun zusätzlich auch von einem ökumenischen und/oder ontologischen).

Der schweizerische Indologe Abegg schrieb, in einem der ersten westlichen Werke über diese Figur, eine streng indologische und buddhistische (und damit wenig verfremdete) Erklärung zum Maitreya Buddha. Ganz anders verfolgten Steiner und Creme, aus der Theosophie herkommend, ein esoterisches (und teils auch tendenziöses) Interesse. Steiner stellte den Maitreya Buddha sogar über den Christus Jesus (vgl. "Das Ereignis der Christus-Erscheinung in der ätherischen Welt", Vortragsreihe 1910, sowie "Das esoterische Christentum und die geistige Führung der Menschheit", Vortragsreihe 1911/1912); dies ist meiner Meinung nach, wie sehr ich auch Steiner im Allgemeinen schätze, ein schwerwiegender theologischer Fehler (denn aus der Bibel heraus lässt sich eine solch extravagante Stellung nicht rechtfertigen – und aus einer logischen Weltreligion heraus auch nicht). Der Christus Jesus ist der grosse Mediator der Welt-Religion, der Maitreya Buddha der grosse Meditator (nicht im Sinne Gotamas: von der Leere der Fülle, sondern im Sinne Maitreyas: von der Fülle der Leere). Zusammen sind sie: Wunder-Rat, Gott-Held, Ewig-Vater, Friede-Fürst (Bibel/Jesaja 9,5) und Morgen-Stern (Bibel/Offenbarung 22,16). Für die Person alleine genügt der Christus Jesus allezeit, für die Welt der Zukunft aber nicht.

Der Grösste der Menschen bleibt indes der Christus Jesus, denn nichts Menschliches kann über ihn hinauswachsen, wie Pascal sagte: "Kein Mensch kann tun, was Jesus Christus getan hat." (vgl. Blaise Pascal: "Pensées sur la Religion et sur quelques autres sujets", dt. Gedanken, 1678). Ich kann diesem Satz nur zustimmen. Und wäre der Christus Jesus sogar nur ein Mythos, was ich natürlich nicht glaube, selbst dann müsste man sagen: kein Mensch kann einen solchen Mythos begründen, wie er es konnte. Nun war er aber tatsächlich ein Mensch, welcher gelebt und existiert hat: das ist kaum zu glauben, aber ebenso wenig zu leugnen – es ist wahr. Um sein Werk zu vollenden, braucht es im Grunde keine grössere Figur, sondern nur einen bestätigenden Impuls (von einer Seite her, von welcher man das vielleicht nicht vermuten würde, nämlich: von der anderen Seite her). Das Gute muss – und das kann man sich allgemein merken für die Zukunft – nicht aufgegeben werden zugunsten des Neuen, sondern wie Paulus sagte: man soll alles prüfen, das Gute aber behalten und bewahren (vgl. Bibel, 1. Thessalonicher 5,21).

Creme verwies darauf, dass jede bedeutende Religion noch einen bedeutenden Gesandten erwartet, und er behauptete zudem, dass dies für alle Religionen eine gemeinsame und also die gleiche Figur sei. Das ist eine allgemeine theosophische Auffassung, und Creme hat eigentlich nichts Anderes getan, als diese einem breiteren Publikum bekannt zu machen. Es gab auch schon einige Figuren, welche für den Maitreya Buddha gehalten wurden. In letzter Zeit scheinen sich solche Phänomene zu häufen, was darauf hindeutet, dass dies eine ganz spezielle Zeit ist. Zu nennen ist etwa Jiddu Krishnamurti in der Theosophie (was Steiner verwarf, worauf er aus der Theosophischen Gesellschaft ausstieg und seine Anthroposophie begründete), oder in noch aktuellerer Zeit: Raj Patel, welcher von Creme zum Maitreya erklärt wurde. Beide, Krishnamurti wie Patel, haben eine solche Bedeutung ihrer Person aber klar und deutlich verneint.

Welches ist die Stellung vom Maitreya in der Welt-Religion? (Ich nenne die Figur in ihrem ökumenischen Aspekt nur Maitreya – oder auch: Maitrijah – in ihrem buddhistischen und allgemein historischen Kontext dagegen Maitreya Buddha.) Der geistliche Kontext, welchen Steiner zwischen Buddha Gotama, Jesus Christus und Maitreya Buddha herstellt, ist interessant, nämlich: dass der Eine in einem gewissen Sinn der geistliche Vorläufer des Anderen ist (wobei zum Christus Jesus zu sagen ist, dass er mit allem in der Welt-Religion in einem gewissen oder bestimmten Zusammenhang steht, denn sonst könnte er nicht der grosse Friedefürst und Mediator in der Welt-Religion sein, welcher er ist (und natürlich bleibt auch sein innerbiblischer Bezug zum Alten Testament voll und ganz bestehen). Es wäre also falsch, eine direkte Ableitung Jesu vom Buddha zu machen, dagegen scheint es wahrscheinlich, dass Jesus ein gewisses Flair für östliche Religionen hatte [und dass dies auch einer der Hauptimpulse zur Veränderung der altisraelitischen Religion war]). Der Maitreya steht aber nicht über Jesus, sondern: er ist diesem allerhöchstens gleichgestellt. Die Frage, wie der Maitreya Buddha zu Buddha Gotama steht, ist eine Frage, die ich nicht beantworten kann, sondern: das muss sich zur gegebenen Zeit im Buddhismus klären (man könnte sich rein spekulativ aber vorstellen, dass es zu den beiden bisherigen Wegen – vom Hinayana und Mahayana – noch einen dritten geben wird: vom Maitreyana). Ich spreche weder für den Buddhismus, noch für den Hinduismus, den Islam oder das Judentum, und nicht einmal für das (fundamentalistische) Christentum: ich spreche für die Ökumene zwischen den Religionen (und den übrigen Weltauffassungen).

Was gibt es für einen Grund für die Erscheinung eines ökumenischen Maitreyas? Alle bedeutenden Religionen sind heute eigentlich schon sehr gut ausgebildet, und trotzdem behaupten all diese Religionen eine weitere grosse Figur. Man kann nicht erwarten, dass eine solche Figur die alten Religionen gross verändern würde, und die reine und alleinige Bestätigung würde es ja eigentlich auch nicht brauchen. Erwarten kann man aber, dass eine solche Figur Frieden zwischen den Religionen schaffen soll. Denn nur dazu wird noch eine weitere Figur benötigt (erst recht dann, wenn dies eigentlich in allen Religionen letztlich dieselbe Figur sein soll). Das heisst: wir können davon ausgehen, dass die heutigen Religionen bereits gemacht sind, und dass ein weiterer Gesandter Gottes zum ökumenischen Frieden in die Welt gesandt wird. Die Fundamente der einzelnen Religionen sind gelegt, die Ökumene lässt jedoch noch zu wünschen übrig (und um sie müssen wir uns heute grössere Sorgen machen, denn ihr Fundament ist noch nicht bedeutend genug gefestigt). Es macht keinen Sinn, für jede Religion einzeln eine solche Figur zu erheben, wenn man eine solche Figur für alle Religionen erheben kann. Wichtig ist es noch einmal zu sagen: der Maitreya wird eben keine Konkurrenz sein für die bestehenden Religionen: im Gegenteil – er wird sie sogar bestätigen (und er ist auch bedeutend in dieser Funktion, als allgemeiner Verteidiger des Glaubens der Religion als solche).

Es gibt nun sehr viele Möglichkeiten, wer dieser Maitreya sein könnte und wie – und wo – dieser Maitreya erscheinen könnte. Es könnte eine Figur sein, die sich auch anders nennt – der Begriff vom Maitreya ist zu dieser Zeit bloss eine (wahrscheinliche) Arbeitshypothese. Es ist ja nicht einmal zwingend, dass der Maitreya direkt aus dem Buddhismus herauskommt, sondern: seine Herkunft ist offen (auch wenn die reine Vermutung auf eine primäre Erscheinung im Buddhismus hindeutet). Man soll sich auf nichts allzu sehr fixieren, bezüglich eines Phänomens, welches in einer relativ fernen Zukunft stattfinden soll. Aber man kann Spekulationen bzw. Überlegungen dazu aufstellen, welche mehr oder weniger wahrscheinlich sind, und man kann auch Gesichte dazu haben. Es ist sogar möglich, dass diese Figur weiblich sein könnte (das ist weder auszuschliessen, noch ist es besonders bedeutend zu erwarten). Bezüglich des Ortes könnte es einen Zusammenhang geben mit dem heutigen Standort der berühmten Maitreya-Statue in Leshan (China), aber das ist auch sehr spekulativ. Zum Zeitpunkt der Erscheinung habe ich eine etwas genauere Vorstellung, doch auch hierzu gilt es zu sagen, dass man die genaue Wahrheit heute eigentlich noch nicht wissen kann.

Wann soll dieser Maitreya erscheinen? Es gibt im Buddhismus bezüglich der Erscheinung drei traditionell bedeutende Daten: 3000 Jahre nach Buddha Gotama, 5000 Jahre danach und 30'000 Jahre danach. Welches Datum ist das wahrscheinlichste? Ich erachte die 5000 Jahre nach Buddha Gotama als das wahrscheinlichste Datum. Das schliesse ich u.a. aus dem heutigen Zustand der Welt. Nach der Erfahrung mit dem Christus glaube ich nicht, dass ein Maitreya in die Welt kommen wird, bevor die Welt nicht auch ausreichend für eine solche Erscheinung bereit ist. Und ich denke – mit einem Blick hinaus in die heutige Welt – dass die Welt in 1000 Jahren noch nicht für eine solche Erscheinung bereit sein kann. 1000 Jahre sind zwar nicht wenig, aber um die Werte vorzubereiten, für welche der Maitreya steht, scheint dies doch etwas zu wenig zu sein. 30'000 Jahre sind wiederum zu weit gegriffen, also sind die 5000 Jahre nach Gotama das wahrscheinlichste Datum (von diesen dreien). Buddha Gotama lebte um 500 vor Christi Geburt, das heisst: dass die Maitreya-Erscheinung um das Jahr 4500 stattfinden wird.

Während meinen esoterischen Überlegungen bezüglich des vielbeschworenen Wassermann-Zeitalters, bin ich ferner auf eine astrologische Zeitrechnung gekommen. Manche behaupten, dieses sei schon angebrochen, was aber meiner Meinung nach nicht stimmt. Der Frühlingspunkt steht derzeit noch rund 5° im Zeichen der Fische (d.h. 25° vom Widder weg und 5° zum Wassermann hin). Das bedeutet, dass in rund 360 Jahren – nämlich in 5x72 Jahren – das nächste astrologische Zeitalter beginnen wird: eben jenes des Wassermanns. Ich habe die Rechnung in den 1990-er Jahren gemacht und eine gerundete Zeitspanne von 350 Jahren angenommen bis zum nächsten Zeitalter. Diese Rechnung schliesst an die Begründung der verschiedenen astrologischen Zeitalter an, mit dem sogenannten Platonischen Weltenjahr (25'800 Jahre, dabei entspricht ein Weltenmonat 2150 Jahren). Das heisst: das Wassermann-Zeitalter dauert von 2350-

4500, wo es dann in das Steinbock-Zeitalter übergehen wird (für den Maitreya: von der [Vor-] Erscheinung zur Erfüllung [nach der buddhistischen Vorstellung wartet der Maitreya derzeit im sogenannten Tushita-Himmel, dem Himmel der Zufriedenheit, auf seine Erscheinung]). Aus dieser Berechnung lassen sich auch die anderen (vergangenen und kommenden) astrologischen Zeitalter berechnen:

- ➢ Zwilling-Zeitalter: 6250-4100 v. Chr. (Polytheismus)
- ➢ Stier-Zeitalter: 4100-1950 v. Chr. (Stierbild [Altes Testament der Bibel])
- ➢ Widder-Zeitalter: 1950-200 (Opferkult [Altes Testament])
- ➢ Fische-Zeitalter: 200-2350 (Zeichen des Christentums [Neues Testament])
- ➢ Wassermann-Zeitalter: 2350-4500 (Maitreya-Esoterik)
- ➢ Steinbock-Zeitalter: 4500-6650, usw. usf., etc. etc.

Diese Rechnung entspricht einem Ungefähren und Gerundeten: es gibt viele andere Rechnungen und Erwägungen dazu, welche auf verschiedene Resultate kommen. Der Astrologe Nicholas Campion soll bei einer Untersuchung auf rund 90 verschiedene Daten zwischen 1447-3621 gestossen sein. New-Age-Anhänger, Esoteriker und Okkultisten gehen heute davon aus, dass wir uns bereits im Wassermann-Zeitalter befinden, und dass dieses in der zweiten Hälfte des 20. Jahrhunderts begonnen hat (davon zeugt der Song "Aquarius/Let the Sunshine In" aus dem Musical "Hair", 1968, in welchem das Aufkommen des Wassermann-Zeitalters besungen wird). Im World Wide Web kann man etwa folgende bedeutendere Anfangsjahre zum Wassermann-Zeitalter finden: Rudhyar 2062, Le Coeur 2160, Haupt 2595, Heindel 2658, Steiner 3573 [u.v.a., nur erwähnt, um zu zeigen, wie gross die Bandbreite tatsächlich etwa ist]). Diese Passage ist natürlich ziemlich spekulativ, und es stellt sich hierzu die Frage, ob ein Philosoph sich überhaupt damit befassen soll. Ich habe auf die speziellen Umstände hingewiesen, welche mich zur Beschäftigung mit der Maitreyafigur motiviert haben, und nur in diesem Rahmen erachte ich dies hier als sinnvoll. Ich möchte das weder überbewerten noch unterschlagen und bringe daher auch hierzu das Wichtigste.

Interessant ist diese Zeitrechnung für mich v.a. deshalb, weil das Jahr 4500 einen Schnittpunkt zwischen der buddhistischen und der (bzw. dieser) astrologischen Zeitrechnung bedeutet (wie das Jahr 2000 einen Schnittpunkt zwischen der buddhistischen und der christlichen Rechnung bedeutet [siehe: folgende Erklärungen]). Das sind in diesem gesamten Zusammenhang sehr interessante Konstellationen. Es ist aber auch darauf zu verweisen, dass hierbei das (ur-) christliche Fische-Zeitalter 200 Jahre nach der Geburt Christi beginnt. Das ist durchaus möglich, denn er war ja auch seiner Zeit voraus – zudem kommt das Fischezeichen nicht in der Bibel vor, sondern wurde später erst im frühen Christentum begründet (als Erkennungszeichen der verfolgten frühen Christenheit). So könnte es auch mit dem Maitreya sein: dass er seiner Zeit etwas voraus ist oder aber erst etwas später kommt, was eigentlich in diesem Fall wahrscheinlicher wäre, da er ja nicht am Anfang, sondern erst am Ende des Wassermann-Zeitalters zu erwarten ist.

Die Zeit des Erscheinens vom Maitreya – also: zwischen dem Wassermann- und dem Steinbock-Zeitalter – entspricht für mich auch dem kulturellen Zeitenwechsel von der Moderne zu einer Postmoderne! Obwohl manche Philosophen im 20. Jahrhundert schon von einer Postmoderne sprachen, befinden wir uns heute erst in der Spätmoderne, denn es gibt derzeit keine Anzeichen dafür, dass die Zeit der sich ständig verändernden Modi des (Da-) Seins (und ferner auch einer extremen Gegenwartsbezogenheit), also: die Moderne, schon vorüber wäre – ganz im Gegenteil entspricht die Spätmoderne einer Spitze der Moderne, und dies scheint eine sehr lange andauernde Zeit zu werden (mit vielen Unklarheiten und auch Rückschritten in der menschlichen Kultur): ich spreche daher sogar von einem spätmodernen Zustand, eher als von einer spätmodernen Zeit. Es ist ein gewisser Status Quo, da die Überwindung der Moderne aus gewissen oder bestimmten Gründen eine sehr schwierige Sache zu sein scheint.

Eine dritte bemerkenswerte Überlegung kann zur Maitreya-Erscheinung gemacht werden. Nehmen wir nämlich die beiden Buddha-Daten: 500 v. Chr. (Gotama) und 4500 (Maitreya), so zeigt sich daraus, dass in der Mitte dieser beiden Daten sich exakt genau die heutige Zeit befindet, d.h. das Jahr 2000. Dieses wiederum bildet den Übergang vom Sohn- zum Geistzeitalter im Christentum (nach der christlichen Trinität – wenn man einen Faktor dieser Trinität für 1000 Jahre der christlichen Zeitrechnung nimmt). Es erscheint also logisch, nach dieser Rechnung, dass wir gerade zu dieser Zeit heute eine bedeutende Einsicht in das Maitreya-Phänomen haben können (weil wir uns zeitlich einerseits zwischen den beiden grossen Buddha-Figuren befinden und andererseits zwischen dem Sohn- und dem Geist-Zeitalter im Christentum). Alle drei hier aufgeführten Überlegungen – mit den drei Daten aus dem Buddhismus, mit der astrologischen Zeitrechnung und mit diesem zeitlich historischen Vergleich zwischen dem Buddhismus und dem Christentum – deuten auf eine Erscheinung vom Maitreya im Jahr 4500 hin (oder atmosphärisch: um dieses Jahr herum).

Was aber könnten in einem zeitlichen Zusammenhang die beiden anderen Daten der buddhistischen Tradition bedeuten? Stehen diese Daten trotzdem in einem bedeutenden Zusammenhang mit der Maitreya-Erscheinung? Ich meine: ja. Zum früheren Datum (3000 Jahre nach Buddha Gotama, also im Jahr 2500) habe ich eine Gegenfigur zum Maitreya gesehen: ich nenne diese Khanahan. Zum späteren Datum (30'000 Jahre nach Buddha Gotama, also um das Jahr 29'500) sehe ich einen Weltkönig Alpha (von einem solchen spricht derzeit in der Reggaemusik auch der Rastafarianismus [mit einem Bezug auf Haile Selassie und den biblischen König Salomo – ebenso zu erwähnen sind in der heutigen Zeit die ersten grossen schwarzen Führungsfiguren in der Weltkultur (Marley [Weltmusiker], Annan [UN-Generalsekretär], Obama [US-Präsident]): ein weit in der Zukunft liegender Alphakönig ist natürlich aber (auch) vollkommen neutral zu sehen, sei es in Bezug zur Hautfarbe oder irgendeiner anderen Eigenschaft: je weiter die Phänomene entfernt sind, desto ungenauer ist unsere Vorahnung, daher ist unsere Vorstellung zu einem solchen Weltkönig heute noch vollkommen nebulös, und wir können uns das eigentlich überhaupt gar nicht vorstellen]).

Von einem Khanahan, welchen man vielleicht schon in den Krisen dieser Zeit erkennen kann, könnte zwar eine gewisse Gefahr ausgehen, welche aber letztlich nicht allzu bedeutend sein sollte (denn diese Figur wird vermutlich ebenso rasch verschwinden, wie sie gekommen ist [falls sie überhaupt auftauchen wird, denn es kann sich bei all diesen Phänomenen letztlich auch nur um rein geistliche Phänomene handeln und gar nicht um wirklich auftretende Figuren: wir haben keine Ahnung wie diese Phänomene auftreten werden. Mit diesem Khanahan-Problem könnten jedoch auch bereits die aktuellen Verschwörungstheorien bezüglich der Maitreya-Figur zusammenhängen (diese besagen etwa, dass eine verbrecherische Elite eine repressive neue Weltordnung anstrebe, und dass die Maitreyafigur, welche nach dieser Auffassung dem Antichrist entsprechen soll, diese verkörpere – das sind ganz üble Verbindungen, v.a. im Internet zu dieser Zeit, welche nicht viel mit dem eigentlichen Phänomen zu tun haben und sich erklären lassen aus einer überhöhten und demgemäss falschen Darstellung der Maitreyafigur in der bisherigen westlichen Rezeption – nebst einem falschen Fanatismus und Fundamentalismus, welcher die Weltprobleme nicht löst, sondern verschärft; allgemein bringt das Web zu dieser Zeit immer grössere und abstrusere Verschwörungstheorien und -phantasien aller Art hervor)]).

Der Alpha-König ist der erste Weltkönig in einer ganzen Reihe von Königen der Welt, wie sie in einer fernen Zukunft zu erwarten sind (üblicherweise bezeichnet in einer Reihe von Alpha bis Omega). Solche Weltkönige können jedoch erst dann auftreten, wenn die Welt dafür genügend gut abgesichert ist (zum heutigen Zeitpunkt wäre eine solche Figur absolut verheerend, in einer späteren Welt ist dies jedoch kein Problem mehr [nämlich dann, wenn die Voraussetzungen dazu geschaffen sind, dass ein solches Amt im Rahmen einer demokratischen Grundordnung stattfinden und auch nicht missbraucht werden kann]).

Welches sind die Werte des Maitreyas? Bezüglich der Tugenden, die er vertreten wird, sehe ich eine Erweiterung der christlichen bzw. paulinischen Tugenden: Glauben, Hoffnung, Liebe (1. Korinther 13,13) sowie Güte und Gerechtigkeit. Die Güte und die Gerechtigkeit wären jene Tugenden, welche die Menschen besonders berücksichtigen müssen, um vom Christus zum Maitreya zu gelangen – beide Werte entnehme ich ebenfalls bereits den Briefen der Apostel (1. Korinther 6,12; 10,23; 1. Thessalonicher 5,21 [je über die Prüfung des Guten bzw. der Güte] sowie 2. Petrus 3,13 [von der kommenden Gerechtigkeit]). Das heisst: die Menschheit müsste für die Erscheinung vom Maitreya in den nächsten Jahrhunderten insgesamt gütiger und gerechter werden. Das mag idealistisch und/oder simpel tönen, aber es ist wahr und richtig (und es ist genau so aufzufassen).

Von seiner Warteposition (im Himmel) aus, sagt der Maitreya den Menschen, dass sie sich verbessern müssen (individuell, v.a. aber und besonders auch im Kollektiv). Die Menschen müssen bessere Konditionen (und Institutionen) schaffen, damit das Bessere und Gerechtere einen (besseren und gerechteren) Eingang findet in dieser Welt. Der Maitreya kann erst dann erscheinen, wenn seine Erscheinung auch erwünscht ist. In einem gewissen Sinn ist der Weg zu dieser Erscheinung bedeutender als die Erscheinung selber, oder: der Weg ist das Ziel (und das Ziel ist ebenso der Weg). Der Maitreya sagt: «Wichtiger, als dass ich komme, ist, dass ihr bereit seid dafür!» (Oder in Christus-Worten: ihr seid das Licht der göttlichen Erscheinungen [vgl. Matthäus 5,14].)

Bezüglich der Werte des Maitreyas habe ich ferner drei Kernsätze vom Maitreya begründet (zuerst auf Englisch, daher gibt es hier auch die englischen Originalsätze dazu):

> ➤ Keine dauerhafte Wohlfahrt ohne einen gerechten Ausgleich (engl. No freedom of duration without fair compensation).

> ➤ Keine dauerhafte Freiheit ohne eine wahre Rechtfertigung (engl. No liberty of duration without true justification).

> ➤ Kein dauerhafter Frieden ohne eine wirkliche Erkenntnis (engl. No peace of duration without real identification).

Die ersten beiden Sätze stammen aus meinem ersten Buch, der dritte Satz ist neu dazugekommen. Diese Sätze entsprechen Bedingungen, die aussagen, was gegeben sein muss, damit sich etwas entfalten, entwickeln und erhalten kann bzw. was die Entfaltung, Entwicklung und Erhaltung behindert. Das heisst: 1. Der Ausgleich ist bedeutend für die Wohlfahrt, 2. Die Verantwortung ist bedeutend für die Freiheit, 3. Die Erkenntnis ist bedeutend für den Frieden. Für diese Aufgabe kann man der Menschheit nur viel Glück wünschen. Amen, om und sela.

Wenn in diesem Kapitel teils von einer fernen bis extrem fernen Zukunft die Rede ist, sollte uns dies nicht allzu sehr verwundern. Normalerweise befassen wir Menschen uns hinsichtlich der Zukunft nicht mit solch extremen Zeitspannen, und wir sind schon höchst erstaunt darüber, was wir in einem Jahrhundert an Veränderungen in der Welt erleben können. So machten etwa die ersten kleinen Flugzeuge anfangs des 20. Jahrhunderts ihre ersten kleinen Hüpfer, und schon am Ende desselben Jahrhunderts kamen sich die grossen Linienmaschinen nur allzu oft gegenseitig in die Quere (weswegen man auch ein gutes Flugsicherungssystem entwickeln musste [und heute sind schon gar nicht mehr die Flugzeuge das ganz grosse Thema, sondern die eben aufkommenden Drohnen; und während wir bei den Flugzeugen die Entwicklung und Veränderung noch in Jahrzehnten beobachtet haben, konnten wir diese beim Computer/Internet/Web teils schon in Jahren beobachten]).

Ein Teil der heutigen Wissenschaftler hat sich für die lange Perspektive in einer vollkommenen Negativität ergeben: sie sehen in Abermillionen von Jahren einen sicheren Weltuntergang voraus. Erstaunlich (oder: unglaublich) erscheint es, wie weit die Wissenschaftler scheinbar vorausschauen können, und dies ohne jegliche prophetische oder seherische Fähigkeit! In der Bibel steht geschrieben, dass die Menschen ewig leben werden (siehe: Offenbarung 22,5). Das ist mehr als eine blosse Hoffnung: das ist das Mass, mit welchem wir für die Zukunft rechnen sollten.

3. Gedanken zur Bibel.

Ich möchte in diesem Abschnitt einige Gedanken zur Bibel anführen (für welche ich nicht von meiner Jugend an interessiert war, sondern ich habe diesen Zugang erst später gefunden [was auch philosophisch interessant ist, da das Bibelstudium in der heutigen Philosophie keinen grossen Stellenwert hat, oder teils sogar fast ein bisschen verpönt ist]). Ich habe nicht nur viele Bücher der bedeutenden Philosophen gelesen, sondern auch die bedeutendsten Grundbücher der Religionen – und natürlich nimmt die Bibel in alledem für mich (weiterhin) eine zentrale Stellung ein. Ich habe in einem kleinen Gedankengang durch das (Grund-) Buch der (Grund-) Bücher einige Anmerkungen zu meiner Bibellektüre bezüglich des heutigen Verständnisses zu machen. Dieser Abschnitt kann auch wie eine kleine Zusammenfassung der Bibel gelesen werden kann.

Im Anfang der Bibel ist scheinbar von zwei verschiedenen Himmelsschöpfungen die Rede (1. Mose 1,1/1,6-8). Es sieht so aus, als sei im ersten Satz der religiöse bzw. theologische Himmel gemeint, im Weiteren dagegen der atmosphärische bzw. geografische Himmel, denn dieser befindet sich ja zwischen den Wassern (der Meere und der Wolken). Es handelt sich also um die Schöpfung vom Geistlichen und dem Weltlichen (im ersten Satz) sowie der Erde und dem Himmel im geografischen Sinn.

Hernach ist die Evolution beschrieben: von den Pflanzen über die Tiere bis zum Menschen (auch Aristoteles sprach ja übrigens von einem pflanzlichen, tierischen und menschlichen Aspekt in der Seele, sah also bereits den Zusammenhang zwischen den verschiedenen Formen des Lebens – einen evolutionstheoretischen Zusammenhang gab es demnach lange vor Linné, Lamarck oder Darwin [viele glauben heute, aufgrund der Ausschliesslichkeit von wissenschaftlichen Theorien, Darwin hätte diesen erfunden bzw. entdeckt]). Freilich ist hier nicht direkt von der Abstammung des Menschen aus der Evolution die Rede, sondern Adam ist aus Erde gemacht, und die Frau aus dem Mann (vermutlich ein theologischer bzw. patriarchalischer Einschlag, welchen man heute auch kritisch betrachten muss). Die evolutionäre Logik ist im Gesamtzusammenhang aber doch eigentlich auch recht klar gegeben, auch wenn die biblische Schöpfungsgeschichte zwei- bzw. dreigeteilt ist: 1. Geistlichkeit/Weltlichkeit, 2. Evolution, 3. Mensch (nach patriarchalistischem Verständnis [es scheint fast so, als ob der Verstand ein solches nahelegen und die Vernunft es hinterfragen würde]).

Adam war der erste Mensch, der zur Erkenntnis des einen und vereinenden Gottes kam. Dieser ist am Anfang der Bibel geschlechtsneutral genannt – einfach nur als: Gott (oder: der/die/das Ewige – der Zusatz vom Herrn erscheint erst mit Abraham! [Ich gehe in Bibelfragen übrigens immer von der Lutherbibel aus.]) Adam und Eva lebten im Paradies, doch eigentlich ist von zwei Paradiesen die Rede – das eine befindet sich offenbar in der Region des heutigen Äthiopiens bzw. früheren Abessiniens und Nubiens (1. Mose 2,11-13), das andere in Mesopotamien (1. Mose 2,14). Es könnte sich dabei um die Andeutung einer frühmenschlichen Wanderung handeln (von Nordostafrika nach Mesopotamien – das bedeutet auch, dass Adam vermutlich aus Afrika stammte [dieser Meinung ist ja auch die heutige Wissenschaft; später scheint es zwei bedeutende frühe Wanderungen der Menschen gegeben zu haben: von Westen nach Osten und von Osten nach Norden]).

Die Sünde, welche durch die Schlange repräsentiert ist, besteht im Wechseln der Haut (denn dafür steht die Schlange sehr bedeutend), d.h. im Verlassen des (Vor-) Gegebenen (ohne Gottes Einwilligung oder Anweisung – was man jedoch, wie alles, was in der Heiligen Schrift steht, und demnach heilig ist, nicht hysterisch, sondern rational interpretieren sollte).

Mit dem Begriff der Sintflut bei Noah könnte – entgegen anderen Deutungen – eine tatsächliche Flut des indischen Flusses Sindh gemeint sein. Dies würde bedeuten, dass Noah mit seiner Arche in Indien gestartet und auf dem Berg Ararat (in der heutigen Türkei bzw. im früheren Kleinasien) gelandet ist.

Mit Abraham beginnt der historische Teil, während ich den Anfang als mythischen Teil bezeichne – die ganze Bibel ist durchdrungen von historischen Fakten und mythologischen Geschichten, jedoch sind der Anfang und der Schluss (mit der Offenbarung des Johannes) eher mythologisch, das Andere eher historisch aufzufassen. Abraham ist der Erste der biblischen Urväter, und damit auch der (gemeinsame) Urvater der monotheistischen Religionen, welche direkt oder indirekt aus der Bibel hervorgegangen sind (Judentum, Christentum, Islam). Der Islam ist im Koran mehrmals als die Religion Abrahams bezeichnet (das heisst: der Islam entspricht – trotz Einbezug des Christus – einem Rückbezug auf die Figur von Abraham [ich würde auch weder Jesus noch Mohammed als eigentliche Propheten im alttestamentarischen Sinn bezeichnen. Propheten entstammen einer ganzen prophetischen Bewegung, welche die Ungläubigen im eigenen Volk/Glauben bekümmern, sich gegen die Könige wenden und einen künftigen Gottesgesandten ankündigen, welcher grösser ist als sie (beide erfüllen nicht alle diese Kriterien). Jesus ist der Messias, Mohammed ein bedeutender Religionsstifter – somit erscheint ein allfälliger Streit um das Siegel der Propheten überflüssig zu sein, denn sie könnten sich lange streiten und würden doch so zu keiner Einigung kommen]). Bei den Söhnen Abrahams teilen sich die völkischen Linien der Juden (mit Isaak) und der Araber (mit Ismael).

Isaaks Sohn Jakob wurde von Gott Israel genannt, und er schaute die Himmelsleiter, auf welcher die Engel frei auf und ab gingen – offenbar noch ohne feste Ordnung (gleich wie auch später noch – oder wieder – bei Jesus Christus). Zu den zwölf Söhnen Jakobs, welche die zwölf Stämme Israels begründeten, gehörten u.a. Juda, Levi und Josef – dessen Geschichte ist im Koran als die schönste bezeichnet, weil er von seinen Brüdern zuerst abgelehnt und später wieder aufgenommen wurde.

Die Israeliten gerieten in ägyptische Gefangenschaft. Da wuchs Mose im Hause des Pharaos auf, und Mose wurde zum grossen Führer der Israeliten, welcher sie aus der Gefangenschaft in Ägypten herausführte. Nach mächtigen Zeichen Gottes musste der Pharao sie ziehen lassen. In der Wüste gab Mose dem verwüsteten Volk die zehn Gebote und weitere Rechtssatzungen.

Mit Mose und v.a. seinem Nachfolger, dem Kriegsherrn Joshua, zogen die Israeliten in ihr heiliges Land ein, welches von Gott schon dem Urvater Abraham für dessen Nachkommen versprochen worden war. Das Land teilten sie unter ihren Stämmen auf.

Für die Rechtssprechung setzten sie Richter ein – schliesslich wollten sie aber einen König, wie ihn die Heiden haben, obwohl Gott ihnen vorrechnete, was dies bedeuten würde (nämlich: dass solche Könige die ganze Macht für sich behaupten könnten). Die bekanntesten Könige waren David, welcher die schrecklich schönen Psalmen verfasste, und sein Sohn Salomo, der als der reichste und mächtigste, aber auch der weiseste König in Erinnerung blieb. Nach ihm aber teilte sich das Reich in Israel und Juda, und die folgenden Könige und ihr Volk fielen immer mehr vom Gottesglauben ab und huldigten anderen Göttern. Das Reich Israel wurde schliesslich von den Assyrern, das Reich Juda von den Babyloniern erobert, und die Menschen wurden in erneuter Gefangenschaft weggeführt.

Die Propheten hatten die Könige und das Volk gewarnt vor dem Zerfall der Reiche im Unglauben, und sie kündigten einen Messias des Friedens an, welcher den Glauben wieder herstellen sollte. Die bekanntesten Propheten sind Elia (ohne eigenes Prophetenbuch), Jesaja, Jeremia, Daniel und Hezechiel. Der versprochene Messias liess zwar etwas auf sich warten, aber die Israeliten durften zurückkehren, und sie konnten die Stadt und den Tempel in Jerusalem wieder aufbauen, gerieten danach aber in einer wirren Zeit in immer neue Fremdherrschaften.

Als der Christus (=Messias) Jesus dann tatsächlich erschien, stand das Land gerade unter römischer Herrschaft. Jesus betätigte sich mit seinen zwölf Jüngern als Wanderprediger. Berühmt ist seine Bergpredigt, in welcher er sagte, dass man seinen Nächsten lieben soll, wie sich selber. Das bezieht sich primär wirklich (bzw. wörtlich) auf den Nächsten (d.h. den Nächstfolgenden) und erst sekundär auf den Nahesten (bzw. Naheliegendsten bzw. Nahestehendsten). Da (theoretisch) aber immer wieder jeder der Nächste sein kann, kann in diesem Sinn auch jeder der Naheste sein, weswegen man theologisch beide Begriffe verwenden kann (erstaunlich viele Fragen an die Theologie enden nicht in einem Widerspruch, sondern lösen sich mit einer kleinen Zusatzerklärung relativ leicht auf).

Jesus wurde von den Römern gefasst und verhaftet. Das Urteil überliess Statthalter Pilatus in einem öffentlichen Schauprozess dem Volk, welches Jesus zum Tod am Kreuz verurteilte. Vielleicht – oder: wahrscheinlich – erwarteten sie einen politischeren Messias, welcher sie von der Fremdherrschaft befreien sollte (wie es vorzeiten Mose getan hatte), und waren deswegen mit dem Messias Jesus, und wie er von den Römern vorgeführt wurde, nicht zufrieden. Die Aufgabe Jesu Christi sollte sich aber als sehr viel grösser erweisen, als sie es damals erahnen konnten.

Jesus schien am Kreuz gestorben zu sein und wurde in eine Grabkammer gelegt. Freunde verschafften sich jedoch Zutritt zur Grabkammer und befreiten ihn, so dass er nach drei Tagen auferstehen konnte, und so erschien er seinen Jüngern, die ihn, offenbar stark berauscht, zum Himmel auffahren sahen, wo er seinen Platz an der Seite Gottes einnehmen sollte.

Seinen Jüngern und Aposteln hatte Jesus klare Aufgaben verteilt: Petrus sollte die Kirche aufbauen, Paulus unter den Heiden missionieren, Markus das (erste) Evangelium mit der Lebens- und Leidensgeschichte Jesu schreiben, und Johannes erhielt eine Offenbarung von dem, was in der Zukunft geschehen würde. (In dieser Offenbarung ist von der vielgedeuteten Zahl des Tieres die Rede [666]: die Erklärung dieser mysteriösen Zahl findet sich im Evangelium – sie kommt nur einmal sonst in der Bibel vor: in der Versbezeichnung von Johannes 6,66 [die Zahl steht demnach für einen Verlust der Kultur bei der Abwendung vom Christus Jesus]. Erwähnenswert ist in diesem Zusammenhang auch eine [Haupt-] Teufelsreihe, welche man in einer kleinen Dämonologie aus der Geschichte herauslesen kann: Luzifer [in der Mythologie], Beelzebub [bei den Pharisäern], Satan [bei Jesus (im Buddhismus: Mara [früher])], Leviathan [bei Hobbes] und Mephistopheles [bei Goethe (u.a.), mit welchem v.a. sehr viel Verwirrung einhergeht]; dies aber nur ganz nebenbei erwähnt, denn wir sollen ja – aus naheliegenden Gründen – nicht an den Teufel, sondern an Gott glauben).

Die Johannesoffenbarung erscheint ziemlich wirr, mystisch und mythisch zu sein. Warum? Sollte sie einen besonderen Eindruck auf die Leser machen? Sollte sie etwas verschleiern? Wir wissen es leider nicht so ganz genau, denn eine Gebrauchsanleitung gibt es zu diesem schwierigen Text, welcher in gnostische Esoterik gehüllt zu sein scheint, natürlich bzw. letztlich nicht. Es ist auf jeden Fall aber keine klare Offenbarung, sondern: es ist eine traumhafte oder gar traumatische Schilderung (die den Gesichten Hezekiels im Alten Testament ähnlich ist). Man kann sie poetisch oder theologisch auffassen. Wir können den letzten Zweck dieser Offenbarung leider nicht ganz genau bestimmen (weswegen die christliche Theologie auch sehr oft einen mehr oder weniger weiten Bogen um diese schwierige Johannesoffenbarung gemacht hat).

Diese (scheinbar so wirre) Offenbarung sollten wir möglichst vernünftig auslegen. Die bedeutendste Aussage im Allgemeinen ist meiner Meinung nach diese: dass Jesus in dieser Offenbarung den Gläubigen bzw. den Menschen überhaupt das Ewige Leben versprochen hat (Offenbarung 22,5). Nirgendwo sonst finden wir so klar eine bis in alle Zukunft für die Menschen solch hoffnungsstiftende Aussage (nicht in der Philosophie und schon gar nicht in der Wissenschaft, und auch nicht bei anderen Religionen, notabene). Wunderbar erscheint diese Klarheit inmitten dieser ganzen Verwirrung. Daher ist auch Jesus als der grosse Morgen-Stern bezeichnet (Offenbarung 22,16), welcher Hoffnung gibt für alle Zukunft.

Die christliche Theologie wurde bereits innerhalb der Bibel begründet: von Paulus und den anderen Aposteln und Briefschreibern (inkl. Petrus). Ich sehe in dieser Theologie sieben grosse Stationen: 1. Paulus, 2. Justinus, 3. Augustinus, 4. Anselm von Canterbury, 5. Thomas von Aquino, 6. Blaise Pascal, 7. Hans Küng. Paulus legte den Grundstein, Justinus führte den Christus als Logos in die Philosophie ein, Augustinus verteidigte die Dreifaltigkeit, Anselm von Canterbury forderte die vernünftige Einsicht des Glaubens, Thomas von Aquino schuf ein theologisch-philosophisches System, Blaise Pascal führte zu einem gewissen Fundamentalismus zurück, Hans Küng vertrat die Ökumene. Natürlich gibt es in der Theologie noch viel mehr bedeutende Figuren: dies ist nur ein sehr rudimentärer Überblick über die Theologiegeschichte, welcher jedoch gleichwohl einen kurzen und knappen Einblick vermitteln kann. Wichtig dazu ist v.a. die Erkenntnis, dass die Theologie in der Bibel beginnt und über diese hinausreicht bis in die heutige (und kommende) Zeit.

Bei aller Sympathie, welche ich für ein gewisses Wiedererwachen der Religion in der heutigen Zeit habe, muss ich dazu aber auch anführen, dass wir natürlich nicht in eine Religiosität der früheren Zeit zurückkehren können. Die Religion soll das Liberale und das Soziale nicht verdrängen (wie umgekehrt diese die Religion nicht verdrängen sollen), ebenso wenig wie die soziologischen und ökologischen Probleme. Ich stehe auch darum weiterhin für die Religion ein, weil ich nicht glaube, dass der Mensch in der heutigen oder kommenden Zeit, oder überhaupt in irgendeiner Zeit, alle Probleme so gut im Griff haben wird, dass die Anrufung einer höheren Macht überflüssig werden würde. Und solange dies so ist, müssen wir die Religion auch ernstnehmen, uns Gedanken dazu machen und sie in unsere Weltrechnung miteinbeziehen.

Eine weitere interessante Frage, die ich mir gestellt habe, ist die Frage nach dem Letzten Testament: wenn es das Alte und das Neue Testament gibt, muss man dann auch von einem Neusten oder gar Letzten Testament sprechen? Es gibt viele verschiedene Figuren, welche dafür in Frage kämen, so etwa: Augustinus, Victor Hugo, Immanuel Kant, Konfuzius, Hans Küng, Maitreya, Karl Marx, Gottfried Mayerhofer, Mohammed, Thomas von Aquino (usw. usf., etc. etc.). Es gibt viele Figuren, welche sich bzw. ihre Schriften als möglichen Abschluss des Evangeliums betrachten könnten. Dies kann uns verwirren. Die Antwort ist aber viel einfacher: die Offenbarung von Johannes entspricht bereits dem Neusten und Letzten Testament (sie ist ja auch ganz anders konzipiert als das Neue Testament, und sie ist auch nicht ein Bericht über Jesus, sondern ein Bericht von Jesus). Es sind demnach eigentlich drei Testamente in der christlichen Bibel angelegt (und ich würde also nicht behaupten, dass wir ein weiteres Testament Gottes benötigten [was wir aber benötigen, das sind gute Zeugen, Deuter und Hoffnungsträger auf dem Weg in die Zukunft]).

Schliessen wir das grosse Buch nun aber für den Moment, und wenden wir uns anderen – den wissenschaftlichen – Dingen zu.

Kapitel III

WISSENSCHAFT

Soziologische und ökologische Ausrichtung
der (Welt-) Kultur.

1. Kleine Kritik der reinen Wissenschaft.

Kein vernünftiger Mensch kann gegen die Wissenschaft sein – das sagte schon der christliche Kirchenvater Augustinus, und der Aufschwung der Wissenschaft der Neuzeit fand (u.a.) auch in kirchlichen und klösterlichen Gefilden statt (es gab von christlichen Mönchen nicht nur Wissenschaftskritik, wie es manche Kirchenkritiker gerne sehen möchten, sondern auch ein bedeutendes Interesse an der Wissenschaftlichkeit [etwa bei Robert Grosseteste, Albertus Magnus, Roger Bacon, Duns Scotus oder Wilhelm von Ockham, u.a. (allgemein mehrheitlich bei franziskanischen Scholastikern)]). Nachdem wir in den letzten Jahrhunderten gesehen haben, was die Wissenschaft vermag, nämlich Krankheiten zu lindern oder gar zu überwinden, uns Licht und Energie zu bringen, die Verkehrs- und Transportsowie die Informations- und Kommunikationsmöglichkeiten zu verbessern, u.v.a., können wir erst recht nicht mehr gegen die Wissenschaft sein. Für den Menschen ist die Wissenschaft in seiner Existenz essenziell geworden. Und vielmehr müssen wir heute die Wissenschaft vielleicht sogar schützen, auch vor sich selber: denn die Wissenschaft droht sich in Zukunft auch durch ihre eigenen Verstiegenheiten zu gefährden. Das Hohe Lied der Wissenschaft zu singen, reicht heute nicht mehr aus.

Wir leben in der Spätmoderne in einer sehr ambivalenten Zeit: die Relativität am Anfang des 20. Jahrhunderts führte zur Ambivalenz am Anfang des 21. Jahrhunderts, und ein Aspekt dieser ganzen Ambivalenz ist das schwierige Abwägen zwischen Wissenschaftsfortschritt und Wissenschaftskritik.

Bisher ist der Mensch seit Anbeginn davon ausgegangen, dass es ein freies Forschen und eine freie Wissenschaft gibt, welche in keiner Art und Weise ziel- und zweckgerichtet ist. Der englische Empirist Francis Bacon und der französische Rationalist René Descartes haben die Wissenschaft am Beginn der Neuzeit mit einer unglaublichen Kraft ausgestattet: Bacon, welcher als Jurist auch Hexenprozesse führte, formulierte in einer Sprache voller Zwang und Gewalt das Ziel der vollkommenen Beherrschung der Natur, Descartes, wenn auch etwas meditativer, das Prinzip der substanziellen Beherrschung des Körpers (als Objekt) durch den Geist (als Subjekt). Die Menschheit kam im Mittelalter von der Zeit der Pestepidemie her, welche einen grossen Teil der hilflosen Bevölkerung in Europa dahingerafft hatte. Es musste etwas geschehen, und dies – Bacon und Descartes (u.a.) – war die Antwort der Philosophie und der Wissenschaft auf die (schlimmen) Missstände.

Wir müssen uns heute fragen, ob die alte Naturwissenschaft nicht langsam aber sicher zu einer reinen Technikwissenschaft verkommt. Es scheint eine klare Entwicklung zu geben: von einer Naturphilosophie zu einer Naturwissenschaft, und von einer Naturwissenschaft zu einer Technikwissenschaft. Unter unnatürlichen Bedingungen werden derzeit in einem riesigen Teilchenbeschleuniger neue Teilchen gesucht, und diese Forschungen sollen wieder einmal unser ganzes Weltbild erschüttern, ja: sogar einen Einblick in den Anfang der Welt liefern. Ein viel zu hoch gegriffenes Projekt, wie mir scheint – und was ist denn eigentlich von einer Naturwissenschaft zu halten, welche ihre Forschung unter solch unnatürlichen Bedingungen betreibt? Diese Resultate werden von der früheren Naturwissenschaft auch nicht etwa getrennt, sondern sie vermischen sich mit dieser (scheinbar nahtlos). Das wirft doch einige Fragen auf.

Heute lachen wir jene als unwissende Banausen aus, welche sich vor einigen Jahrhunderten gegen die aufkommende neuzeitliche Wissenschaft stellten – aber trotzdem sei diese Frage hier aufgeworfen. Die Wissenschaft hat spätestens im 20. Jahrhundert ihre Unschuld verloren. Auszumachen ist dies an zwei ganz konkreten Ereignissen: erstens am Zweiten Weltkrieg, welcher an (technischer) Schrecklichkeit alles bei weitem übertraf, was man bis dahin in Kriegen erfahren hatte. Die beiden Weltkriege stehen sinnbildlich für die neuen Gefahren der Technik, wie sie spätestens im 20. Jahrhundert eben aufgekommen sind. Nach dem Zweiten Weltkrieg wurde aufgrund der Atombomben rasch klar, dass der Mensch nun sogar das (Waffen-) Potenzial besitzt, um theoretischerweise die eigene Art vollständig zu vernichten. Das ist (nachwievor) eine seltsame und verstörende Tatsache, um welche die Menschheit in ihrer Existenz auch nie mehr herumkommen wird. Die neuen Probleme haben einen gewissen Ewigkeitscharakter.

Das zweite Ereignis betrifft die aufgekommene Ökologiebewegung – und mit ihr, die Sorgen um die Natur und die Umwelt. Nicht nur der technische Krieg muss heute als gefährlich betrachtet werden (Stichwort: Atombombe), sondern auch der technische Frieden (Stichwort: Atomkraftwerke [die selbst, wenn sie ausser Betrieb gesetzt würden, aufgrund der radioaktiven Strahlung für eine unvorstellbar lange Zeit gefährlich bleiben]). Der Mensch wird die Gefahr, die er heraufbeschworen hat, nicht mehr los. Die Vorstellung des überforderten Zauberlehrlings ist mir dazu aber zu simpel, der Mensch ist schon längstens – und spätestens in der zweiten Hälfte des 20. Jahrhunderts – ein tatsächlicher (Wissenschafts-) Zauberer geworden. Das ökologische Problem zeigt uns letztlich und eindringlich, dass sich etwas grundsätzlich verändert hat in der Menschheit. Wie die Menschen diese Veränderung psychologisch verkraften werden, das ist heute noch nicht einmal abzuschätzen.

(Das Beispiel mit den Atomkraftwerken zeigt auch, dass eine Diskussion um die menschengemachte oder nicht-menschengemachte Klimaveränderung [Stichwort: Treibhauseffekt] vielleicht nicht müssig, aber doch ziemlich unwesentlich ist. Es gibt [andere] Beispiele, welche eindeutig zeigen, dass der Mensch mit seiner Technik ganz direkt Natur- und Umweltgefahren heraufbeschwört. Das ist heute keine Frage mehr, sondern eine Tatsache. Und natürlich steigt diese Gefahr mit dem weiteren technischen Fortschritt auch weiter an.)

Das psychologische Problem ist grösser, als wir denken, in einer Zeit, in welcher wir auch schon ein wachsendes soziologisches

Problem ausmachen können. Die derzeit aufkommende Polit-, Sozial- und Kulturkrise – im Zuge einer allgemeinen Globalisierung einerseits und einer allgemeinen Digitalisierung andererseits – scheint viel zu tun zu haben mit der unterschiedlichen Entwicklung der Weltregionen während der Zeit des grossen ökonomischen und technischen Fortschritts – einige Weltgegenden sind heute sehr wohlhabend, andere aber noch immer bitterarm. Der wissenschaftlichen und technischen Weltentwicklung fehlte bis dato die Weltkoordination (diese steht heute an, im Zuge der sogenannten Globalisierung, aber dies ist ein schwieriges Vorhaben und allzu grosse Fortschritte sind heute diesbezüglich eigentlich nicht auszumachen).

Superwaffen, Ökoproblem und Kulturkrise sind drei sehr grosse Probleme und Herausforderungen der heutigen (und kommenden) Zeit. Wir sprechen heute – in einer Zeit, welche ich als Spätmoderne bezeichne – von 400 Jahren Wissenschaft, von 250 Jahren Aufklärung, von 100 Jahren Relativitätstheorie sowie von 40-50 Jahren einer goldenen Zeit in der Demokratie und Ökonomie seit dem Zweiten Weltkrieg (ungefähr 1950-1990/2000). Das Jahr 1991 war ein besonders umwälzendes Jahr: es bezeichnet einerseits das Ende des realexistierenden Kommunismus (in Osteuropa) und andererseits den Anfang vom World Wide Web im Internet; etwa von diesem Jahr an können wir – nach der Ära des sogenannten Kalten Kriegs mit dem politischen Widerstreit zwischen den Vereinigten Staaten von Amerika (USA) und der Sowjetunion – von einer aufkommenden und noch nicht ganz fassbaren neuen Weltordnung sprechen.

Was hat sich denn grundsätzlich verändert in der Menschheit? Der Schweizer Weltschriftsteller Dürrenmatt hat dies eindrücklich beschrieben in seinem Drama der Physiker (vgl. Friedrich Dürrenmatt: "Die Physiker", 1962). Dies war nicht die erste Warnung vor einer dystopischen Zukunft – einige Fantasy-Schriftsteller warnten schon früher davor, und ebenso übrigens auch die Philosophie! Aber es war eine eindringliche Warnung, welche eine grosse Zahl von Leuten erreichte, und darum steht dieses seltsame Stück auch immer noch so bedeutend in der wissenschaftskritischen Landschaft jener Zeit. Die Wissenschaft selber reagierte damals noch kaum auf solche Kritik. Erst der Bericht des Clubs of Rome über die Grenzen des Wachstums wurde einigermassen ernstgenommen (vgl. Dennis únd Donella Meadows sowie Jay Wright Forrester: "The Limits to Growth", dt. Die Grenzen des Wachstums, 1972). Bis dahin hatten die Wissenschaft und die Gesellschaft keinerlei Grenzen gesehen. Die (Menschen-) Welt und deren Kultur und Fortschritt schienen grenzenlos zu sein.

Heute ist der grosse Traum der freien und unbegrenzten Technik ohne bedeutende negative Folgen definitiv vorbei und das ökologische Problem in der wissenschaftlichen Welt breit anerkannt. Ja, die heutigen Wissenschaftler sind selber zu den grössten Warnern vor einer dystopischen Zukunft geworden, und selbst der Glauben daran, dass alle Probleme noch immer und weiterhin rein technisch lösbar sind, ist vielleicht heute schon am Bröckeln - wir sollten uns auch bewusst sein, dass technische Lösungen für die heutigen und zukünftigen Probleme das Eine sind, neue Einstellungen zum Grossen und Ganzen bzw. im Grossen und Ganzen aber das Andere (was wir auch mitberücksichtigen müssen, und was eben - psychologisch betrachtet - vermutlich sogar der schwierigere Aspekt ist).

Es geht dabei nicht nur um die Forderung nach einer sanfteren Technologie, wie sie New-Age-Esoteriker Capra vorgeschlagen hat (vgl. Fritjof Capra: "The Turning Point", dt. Wendezeit - Bausteine für ein neues Weltbild, 1982), obwohl man auch in dieser Richtung weiterdenken kann, sondern es geht vorerst einmal überhaupt um das Bewusstsein der Problematik, und ferner, um einen Plan, wie man - jenseits aller politischen Auseinandersetzungen zwischen den progressiven und den konservativen und reaktionären Kräften - kurz- und mittelfristig das Schlimmste verhindern und langfristig das Bessere herbeiführen will. Die Menschheit wird insgesamt ein schwieriges und problematisches Unterfangen bleiben, doch dies soll uns nicht davon abhalten, immer wieder das Beste zu geben und zu versuchen (denn dazu sind wir ja hier [und das ist unser eigentlicher Sinn]).

Am Anfang des 20. Jahrhunderts geriet die wissenschaftliche Welt vollkommen aus den Fugen: im Grössten wie im Kleinsten kamen in der Physik völlig neue Vorstellungen auf - mit der

Relativitätstheorie (von Einstein) und der Quantentheorie (von Planck, Heisenberg, Schrödinger und Bohr). Einstein sprach im Grössten und Äussersten von einer gewissen Relativität, Schrödinger im Kleinsten und Innersten von einer mysteriösen Verschränktheit. Bis dahin konnte man die Neuerungen der Wissenschaft noch einigermassen nachvollziehen, auch wenn das schon bei der Elektrizität und der Radioaktivität nicht einfach war – nun aber schien die Wissenschaft endgültig in Dimensionen hineinzugeraten (oder darin zu verschwinden), welche für den Durchschnittsbürger kaum mehr nachvollziehbar sind. Und wie sollten diese Erkenntnisse die Kunst und das Denken der Menschen beeinflussen?

Von diesem Schock des 20. Jahrhunderts – der Wissenschaft (mit der Relativitäts- und der Quantentheorie) und der Technik (mit den Weltkriegen und dem Ökoproblem) – hat sich die Menschheit noch immer nicht erholt (es gibt auch kaum Erholung in der heutigen Wissenschaft, und so kam denn auch gegen Ende des 20. Jahrhunderts die ganze Computerisierung und der Auf- und Ausbau des Internets noch dazu, und auch hierbei hinkt der Mensch derzeit mental der Entwicklung weit hinterher). Im 21. Jahrhundert, welches voller Technik- und Kulturschocks steckt, werden extrem schwierige Fragen auf uns zukommen, inkl. eben auch der grossen Frage danach, wie wir mit der Technik der Zukunft umgehen wollen und/oder sollen, damit der Mensch gefordert bleibt, aber nicht überfordert wird mit seinen eigenen Hervorbringungen (inkl. Globalisierung, Automatisierung, Rationalisierung, Digitalisierung und alle anderen und kommenden Futurisierungen).

Wir sehen die ganze (Natur-) Wissenschafts- und Technikgeschichte noch heute – und zu Recht – als eine grosse Erfolgsgeschichte. Und nichts wäre gefährlicher für den Menschen, als diese Erfolgsgeschichte, d.h. letztlich die eigene Wissenschaft, in Frage zu stellen. Natürlich wird sich die menschliche Wissenschaft auch in Zukunft weiterentwickeln, solange es den Menschen gibt, und wir müssen heute eben auch sogar von einer Verwässerung und Untergrabung der echten Naturwissenschaft innerhalb der Wissenschaft sprechen. Ich meine damit nicht nur die Teilchenbeschleuniger, sondern auch etwa die heutige Astrophysik, welche uns immer willkürlicher anmutende Spekulationen über das Universum als bare Wissenschaft verkauft (und es ist zu vermuten, dass wir bald in der Mikrobiologie und Gentechnologie etwas Ähnliches erleben werden, und auch in diesen Bereichen die Grenzen zwischen wissenschaftlicher Wahrheit und wilder Spekulation zu verwischen drohen).

Das gehört auch dazu – zu dieser ganzen neuen und wachsenden (Welt-) Unsicherheit. Der Mensch wird auch spürbar immer unsicherer darüber, was denn die Natur eigentlich ist – oder: das Universum. Das sind Fragen, welche der Mensch langezeit im Griff zu haben glaubte – im Sinn einer deterministischen Wissenschaft – welche nun aber neu aufbrechen (und teils mit einer Konsequenz, die uns Sorgen bereiten kann). Wir können dies eigentlich aber heute eben auch gar noch nicht wissen. Die Wissenschaft hat die erste (Ur-) Kraft im (Da-) Sein bisher nicht gefunden, und ebenso wenig kann sie erklären, was das Universum denn im Grossen und Ganzen letztlich genau ist.

Vielleicht sieht das Universum von aussen ganz anders aus, als von innen (wie es eigentlich bei allen Körpern der Welt der Fall ist!). Oder gibt es – entgegen unserem Vorstellungsvermögen – etwa gar kein Innen und kein Aussen im Universum? Was ist das Universum? Wir wissen es nicht. Um dies (besser) zu wissen (und zu verstehen), müssten wir an die Grenzen des Universums gelangen bzw. fliegen, und über diese hinaus sogar – davon sind wir aber rein technisch noch immer sehr weit entfernt (falls dies überhaupt je möglich sein wird). Weitere der sogenannt letzten (und ersten) Fragen konnte die Wissenschaft (uneingestanden eigentlich) bisher leider auch nicht beantworten (und darüber kann auch die ganze Science Fiction dieser Zeit nicht hinweghelfen).

Aus diesen Gründen bin ich einen Schritt zurückgegangen: wir müssen nebst der Wissenschaft auch die Religion (inkl. Esoterik) und die Philosophie wieder in unser Denken einbeziehen. Dies wird auch geschehen, und es wird die Welt verändern (und wir müssen schauen, dass dies in einem positiven Sinn geschieht). Wir benötigen die Religion, die Philosophie und die Wissenschaft, um die heutige und zukünftige Welt zu erklären, und wir müssen diese verschiedenen Bereiche besser zusammenbringen (derzeit müssen wir feststellen, dass sie sich – nach kurzfristigen Erfolgen von interdisziplinären Sichtweisen – eher wieder mehr gegeneinander abschotten, und je für sich alleine die ganze Wichtigkeit bis sogar Wahrheit beanspruchen). Das Eine ist die Kritik des Anderen – die Philosophie ist die Kritik der reinen Religion, die Wissenschaft ist die Kritik der reinen Philosophie, und die Religion ist die Kritik der reinen Wissenschaft – und nur zusammen können sie uns weiterbringen.

Gleichzeitig sind aber auch alle drei Faktoren immer wieder in Gefahr, ihren wahren und besten Gehalt zu verlieren. Die Leute achten heute die Religion allgemein weniger bis gar nicht mehr und haben mit der Philosophie sogar schon immer grössere Mühe, und leider, denke ich, wird es der Wissenschaft im Lauf der Zeit nicht anders ergehen. Sie wird sich ebenso behaupten und auch geschützt werden müssen. Die heutige Zeit – ein eigentliches Zeitalter der Information (vgl. Daniel Bell: "The Coming of Post-Industrial Society: A Venture in Social Forecasting", 1973 [bisher ohne deutsche Übersetzung]) – bringt nicht nur eine Überfülle der Information, sondern auch einen steigenden Wert der Fehlinformation (Stichwort: Fakenews und Verschwörungstheorien); dies betrifft bereits auch den Bereich der Wissenschaft!

Die Astrophysiker zeichnen heute ein düsteres Bild der Zukunft. Sie sagen (mit vollkommener Sicherheit), dass das Universum irgendwann einmal in einer fernen Zukunft untergehen wird. Was sollen die Menschen mit einer dermassen düsteren Prognose anfangen? Auch wenn das zeitlich noch sehr weit weg ist, verdüstert solches doch den menschlichen Blick in die Zukunft. Wir brauchen gar nichts zu verdrängen, sondern wir können uns nur die Frage stellen: wie wollen die Astrophysiker wissen, was in Abermillionen von Jahren geschehen wird? Niemand weiss, wie sich die Welt und die Menschen weiterentwickeln werden (und eben: die Astrophysiker wissen ja nicht einmal, was das Universum ist, wie können sie dann wissen, dass die Welt untergehen wird?). Und wenn wir das nicht wissen, wieso sollten wir dann ausgerechnet das Schlimmste annehmen? Die heutige Naturwissenschaft tut dies aber immanent!

In der Bibel steht ja eben, dass die Menschen ewig leben werden. Das ist ein ganz entscheidender Faktor in der Dimension der Religion: der unbedingte Glauben an die Zukunft des Menschen (und wir sehen hier – bzw. wenn wir die heutige Naturwissenschaft betrachten – warum der Gedanke der Ewigkeit und des ewigen Lebens für den Menschen so wichtig, bedeutend und notwendig ist, und warum dieser Gedanke auch in der Wissenschaft unverzichtbar ist).

Die grössten Probleme der zukünftigen Wissenschaft – wir müssen das durchaus realistisch sehen – sind sehr grosse Probleme: vermutlich das Erkalten der Erde, das Verlöschen der Sonne und auch die Gefahr von Kometen aus dem Weltall (nebst den rein menschlichen und lebensweltlichen Problemen). Es ist jedoch nicht auszuschliessen, dass die Menschen adäquate Lösungen für diese Probleme finden werden. Die Menschen werden sehr viel Zeit haben, um diese Probleme zu lösen! Die Ausnahme besteht in der Kometengefahr, welche heute schon besteht, und welche man heute schon (besser) angehen sollte. Das dürfen wir nicht vergessen, wenn wir solche Probleme bewerten. Es gibt also viel Grund für eine vernünftige Kritik, aber wenig Grund für einen vollkommenen Pessimismus. Der Mensch ist noch lange nicht am Ende seiner Möglichkeiten, wenn er auch nur einigermassen vernünftig weitermacht.

Der heutige naturwissenschaftliche Zukunftspessimismus steht in krassem Gegensatz zum technologischen Machbarkeitswahn, wie er bislang galt (und zur naturwissenschaftlichen Behauptung einer rein wissenschaftsorientierten, positivistischen Philosophie). Die Naturwissenschaft hat aber v.a. ein weiteres Problem: sie hat keine Ethik. Alle (bescheidenen) Versuche, aus einer rein (natur-) wissenschaftlichen Logik eine gesellschaftsfähige Ethik zu machen, sind fehlgeschlagen.

Die Ökologie hat eine neue ethische Dimension in die Naturwissenschaft gebracht – eine Moral des Bewahrens (statt des reinen und blinden Fortschritts). Ich sage daher: das Bewahren der (Um-) Welt (bzw. einer menschengerechten Lebenswelt) ist das neue langfristige Ziel, Credo und Paradigma einer jeglichen menschlichen (Natur-) Wissenschaft. So sehe ich zumindest die aktuelle Ausgangslage. Vielleicht können nur die Ethik und Moral helfen, die Wissenschaft (und auch die Wirtschaft) so zu steuern und zu lenken, dass sie uns wirklich nützt und nicht schadet.

Der deutsche Ökophilosoph Lothar Schäfer hat die Ausgangslage sehr interessant formuliert: «Nicht einer Machtstruktur und ihrer (vermeintlich) stabilen Stellung gegenüber dem Bürgerwillen sollen wir vertrauen, sondern allein den demokratischen Kontrollinstanzen, einem breiten öffentlichen Bewusstsein, das im Geiste der Aufklärung weiter auszubilden wir nicht müde werden dürfen. Wir müssen noch entschieden wachsamer sein, was den Kontext von Mitteln und Zwecken angeht, als bisher. [...] Deshalb ist explizit von technischen Innovationen zu fordern, dass sie auch tatsächlich zur Mehrung des Wohlergehens der Menschen führen: sie sollen nicht den Profit steigern, sondern den Benefit der Menschen bewerkstelligen. [...] Wir [...] dürfen keinesfalls auf das Wachstum falscher Formen der Technisierung setzen. [...] Das Wachstum der Wirtschaft kann und darf kein Selbstzweck sein.» (vgl. Lothar Schäfer: "Das Bacon-Projekt – von der Erkenntnis, Nutzung und Schonung der Natur", 1999.)

Ich hoffe, er meint, wie ich das auch verstehe, eine Aufklärung nach allen Seiten hin, jedenfalls sicher eben auch (u.a.) gegenüber der Wissenschaft. Eine ökologische Ausrichtung der Naturwissenschaften bedeutet konkret: dass in Zukunft auch (explizit) eine ökologische Technik mit ökologischer Methodik gefordert ist. Wir müssen lernen, dass die Methoden, die wir verwenden, um Wissenschaft und Technik zu erzeugen, einen grossen Einfluss haben auf die Technik, welche dann auch aus dieser Forschung resultiert. (Für Forschungen in Extrembereichen sollte es auch extrem gute Gründe geben, was heute nicht immer der Fall zu sein scheint.)

Wir sind nicht mehr länger nur verantwortlich für einen wissenschaftlichen und technischen Fortschritt, sondern wir sind heute verantwortlich für einen verantwortbaren und vertretbaren Fortschritt. Der Begriff der Verantwortung ist ein wesentlicher Begriff in jeglicher Ethik und Moral; es ist der Begriff, mit welchem unser Bestreben nach einer Gutwilligkeit beginnt. Wir müssen über eine (neue) Verantwortung gegenüber der Natur und der Umwelt sprechen. Verschiedene aktuelle Philosophen stellen den Begriff der Verantwortung in den Vordergrund ihrer ethischen Überlegungen. Ich sehe ihn – im wörtlichen Sinn als Ver-/ant-/wort-/ung, also: als Aufforderung zum Antwortgeben (in den bedeutenden Fragen – dies beinhaltet auch die Forderung, die wichtigen und richtigen Fragen zu stellen, denn nur die richtigen Fragen führen auch zu den richtigen Antworten [ausser in Fällen von sehr grossem Glück und Zufall, und davon können wir weder in der Philosophie noch in der Wissenschaft ausgehen]).

Ernst Bloch stellte im 20. Jahrhundert den – in der Bibel so bedeutenden – Begriff der Hoffnung in den Vordergrund (vgl. Ernst Bloch: "Das Prinzip Hoffnung", 1954-1959), Hans Jonas verlagerte den Fokus – vom Passiven auf das Aktive – auf den Begriff der Verantwortung (vgl. Hans Jonas: "Das Prinzip Verantwortung – Versuch einer Ethik für die technologische Zivilisation", 1979), während der Begriff der Gerechtigkeit der zentrale Begriff der Ethik bei Platon (und Sokrates) in der klassischen griechischen Philosophie war. Dieser Begriff bedeutet auch quasi ein ewiges Menschheitsideal: der Mensch sehnt sich nach (persönlicher, soziologischer und genereller) Gerechtigkeit – diese müssten wir vielleicht also suchen: erstens über die Hoffnung und zweitens über die Verantwortung. Hoffnung, Verantwortung und Gerechtigkeit sind drei höchstbedeutende Begriffe in unserem Bestreben, die Menschheit zu erhalten und zu verbessern.

Die Wissenschaft unter ein bestimmtes Credo zu stellen, entspricht einem grossen Paradigmenwechsel, doch genau dies ist meine Forderung: dass die Naturwissenschaften (neu: Natur-, Technik- und Ökowissenschaften) sich ökologisch und die Geisteswissenschaften (neu: Geistes-, Kultur- und Sozialwissenschaften) sich soziologisch orientieren (dass es also für alle Wissenschaften eine Leitwissenschaft gibt, welche je nach Einteilung die Soziologie oder die Ökologie ist).

2. Auf dem Weg zu einer ökologisch verstandenen Naturwissenschaft.

We only have one planet, there is no plan B. Dies ist ein Satz, welcher offenbar früher einmal geprägt wurde – der genaue Ursprung ist unbekannt – und heute von den führenden Weltpolitikern reihenweise verwendet wird. Er zeigt, wie bedeutend v.a. das Thema der Klimaveränderung heute ist, und wie stark – vielleicht auch: wie übertrieben stark – es angesprochen wird. Etwa von US-Präsident Barack Obama: «We're the first generation to feel the impact of climate change. We're the last generation that can do something about it. […] We only get one home. We only get one planet. There's no plan B.» (2015). Allerdings hat Obama darin recht, dass man das Thema fast nicht überschätzen kann, denn selbst wenn der Mensch nicht die volle Schuld für die aktuelle Klimaveränderung tragen würde, aber trotzdem etwas dagegen tun könnte, dann müsste er das tun, weil die Folgen unabschätzbar und die Risiken sehr hoch sind. Daher stimmt wohl, was UN-Generalsekretär Ban Ki-Moon sagte: «We have not any time to vaste now. […] There is no plan B, because we do not have a planet B.» (2014). Im Mai 2015 verabschiedete Papst Franziskus (I.) sogar eine Umwelt-Enzyklika: "Laudato si', On Care for Our Common Home". Dies zeigt die derzeitige Stimmung diesbezüglich.

Der Mensch ist sehr gut im Bebauen, leider aber etwas weniger gut im Bewahren. Das zeigt uns die gesamte Kulturgeschichte des Menschen. Damit war der Mensch bis anhin trotzdem sehr erfolgreich, nun aber könnte es problematisch und sogar gefährlich werden. Der menschliche Fortschritt ist von heute an stets begleitet von ökologischen Bedenken. Es geht – aufgrund des hohen Entwicklungsgrades unserer (Natur-) Wissenschaft und Technik – gar nicht mehr anders. Die Ökologie fordert ihren Tribut von der Technik. Die Natur- und Umweltprobleme scheinen – wie wir heute schon sehen – so gross und bedeutend zu sein, dass ein Paradigmenwechsel in der Wissenschaft und ihrer Technik in der langen Frist unumgänglich erscheint. Denken wir von heute aus in die Zukunft, so können wir leicht einsehen, dass die Zukunft ökologisch geprägt sein wird.

Wir können mit gutem Grund annehmen, dass die Techniken des Fortschritts sich weiterhin stark entwickeln werden, und daher können wir auch annehmen, dass die Technik der Bewahrung (ebenso) stark verbessert werden muss (um stets mit dem technischen Fortschritt mithalten zu können). Wir müssen der Bewahrung einen besonderen Wert zuschreiben, ja: sogar unser Hauptaugenmerk auf sie richten. Das ist der Grund, warum ich heute – am Anfang des 21. Jahrhunderts – von einem grossen Paradigmenwechsel spreche, und warum ich diesem hier auch ein ganzes Kapitel widme.

Es wird alles seine Zeit benötigen: sowohl in der Ökologie, wie auch in der Soziologie, aber wir müssen uns die Zeit je nehmen! Ich habe in meinem ersten Buch geschrieben, dass ich die Soziologie als Führerin der Geistes-, Kultur- und Sozialwissenschaften sehe, und ebenso – sage ich jetzt (in einem ähnlichen Sinn) – dass ich die Ökologie als Führerin der Natur-, Technik- und Ökowissenschaften sehe. Wir müssen die Wissenschaften besser und zielgerichteter ausrichten. Das heisst nicht, dass sie gänzlich ihre Freiheiten verlieren sollen, aber dass neben der alten Freiheit auch eine bessere Ordnung und Vernunft sowie ein besseres Bewusstsein über die Zusammenhänge im Grossen und Ganzen bestehen müssen. Bewusstsein kann man nicht verordnen, aber vielleicht doch eben immerhin fordern – und fördern.

Die wissenschaftliche Ordnung muss klar sein, und die Schule – inkl. der Volksschule – sollte sie übernehmen (man sollte auch in der Volksschule zumindest eine kleine Einführung in jede [Grund-] Wissenschaft geben). Die Natur-, Technik- und Ökowissenschaften bestehen – nach der heutigen Aufteilung der Wissenschaften und meiner Einschätzung der Bedeutung – etwa aus der Ökologie als übergeordneter Wissenschaft sowie der Physik, Chemie, Biologie, Medizin, Technik, Informatik und Psychologie I (= naturwissenschaftlicher Anteil der Psychologie). Die Geistes-, Kultur- und Sozialwissenschaften etwa aus der Soziologie als übergeordneter Wissenschaft sowie der Jurisprudenz, der Ökonomie, der Medienwissenschaft, der Sprachwissenschaft und der Psychologie II (= geisteswissenschaftlicher Anteil der Psychologie). Neben dieser fundamentalen Zweiteilung (und vielen weiteren Neben- und Unterwissenschaften) sind ferner die Grund- und Hilfswissenschaften zu erwähnen, wie besonders etwa die Theologie, die Philosophie und die Mathematik. (Die Psychologie wird aus verschiedenen Gründen – u.a. aufgrund des Subjekt-Objekt-Konflikts, in welchen sie tritt – stets eine schwierige Wissenschaft bleiben, welche sich auch nicht eindeutig zuordnen lässt.)

In der Wissenschaftsgeschichte sehe ich drei verschiedene Stadien: 1. Das Stadium der reinen Naturphilosophie (in welchem v.a. die Philosophen über die Natur nachdachten), 2. Das Stadium der reinen Technik (in welcher es v.a. um den technischen Fortschritt ging), 3. Das (neue) Stadium der Ökologie (bzw. einer ökologischen Technik – in welchem es v.a. um den Natur- und Umweltschutz geht). Dies beinhaltet zwei grosse Paradigmenwechsel: von der Antike über das Mittelalter zur Neuzeit sowie von der Neuzeit über die Moderne zur Spätmoderne (das ist die heutige Zeit).

Es geht hier, wenn von Ökologie die Rede ist, eigentlich immer um Natur- und Umweltschutz – also beides: wie ich ausdrücklich anmerken muss. Natur und Umwelt sind eigentlich zwei Faktoren, die sich sogar zu widersprechen scheinen. Unter dem Naturbegriff verstehen wir eine innere, auch uns selber innewohnende Natur, unter dem Begriff der Umwelt dagegen eine äussere, uns umgebende natürliche (und menschliche) Kultur. So liegt denn für uns auch eine schwierige Ambivalenz im Ökologiebegriff. Ist es nicht gerade auch unsere menschliche Natur, welche uns in die heutige Problematik hineingebracht hat? Und trotzdem sage ich: wir müssen in der Zukunft nicht nur die Umwelt schützen, sondern auch die Natur, inkl. eben auch der menschlichen, also unserer eigenen Natur.

Wenn wir von Umwelt und Natur sprechen, könnten uns in der älteren Philosophie auch die beiden (Haupt-) Dinge Kants in den Sinn kommen: wenn Kant noch vom Himmel und seiner Moral sprach, müssen wir heute von der Umwelt und unserer Natur sprechen. Schon Kant sprach aber eben von einer inneren und einer äusseren Natur: nämlich vom allgemeinen Himmel im Äusseren und seiner eigenen Moral im Inneren. Diese beiden Dinge bezeichnete er als seine Hauptdinge, welche mit immer neuer und zunehmender Bewunderung und Ehrfurcht sein Gemüt erfüllen würden. Wenn ich von Umwelt und Natur spreche, meine ich eine ähnliche Betrachtungsweise der Welt. Das entspricht auch quasi einem heute notwendigen Heranzoomen der Wirklichkeit, wobei der geografische Himmel in der (ganzen) Umwelt und die Moral in der menschlichen Natur enthalten ist. Der Ich-Geist des Bewusstseins steht immer zwischen seiner äusseren Umwelt und seiner inneren Natur.

Mit unserer Umwelt meine ich (u.v.a.)... Himmel, Planeten, Sonne, Mond, Sterne, Kometen, Licht, Luft, Wolken, Wetter, Stürme, Winde, Regen, Nebel, Erde, Boden, Stein, Wüsten, Oasen, Feuer, Vulkane, Mineralien, Leben, Algen, Pilze, Tiere, Pflanzen, Blumen, Büsche, Bäume, Wälder, Wiesen, Felder, Auen, Sümpfe, Teiche, Wasser, Meere, Inseln, Fjorde, Ströme, Flüsse, Seen, Bäche, Quellen, Eis, Gletscher, Berge, Alpen, Pässe, Täler, Hügel, Senken, Menschen, Gesellschaft, Städte, Strassen, Wege, Alleen, Plätze, Häuser, Hallen, Gärten, Höfe, Ställe, Schuppen, Äcker.

Mit unserer Natur meine ich (u.v.a.)... Körper, Hunger, Durst, Schmerz, Leid, Freude, Wünsche, Hoffnung, Träume, Phantasien, Ich, Bewusstsein, Verstand, Vernunft, Sinn, Über-Ich, Menschlichkeit, Wahrnehmung, Einschätzung, Erkenntnis, Wissen, Seele, Fühlen, Wollen, Streben, Empfinden, Sehen, Schauen, Hören, Reden, Riechen, Schmecken, Spüren, Tasten, Zweifel, Angst, Glauben, Denken, Handeln, Machen, Egoismus, Altruismus, Leben, Liebe, Sexualität, Perfidität, Gutes, Böses, Fehler, Werte, Ziele, Verantwortung.

Die Wurzeln eines ökologischen Denkens und Betrachtens liegen eigentlich erstaunlich weit zurück. Wir denken heute, die Ökologie sei erst vor Kurzem aufgekommen. Schon im 17. Jahrhundert sprach aber Hans Carl von Carlowitz bereits von der Nachhaltigkeit (in der Forstwirtschaft). Im 18. Jahrhundert führte Alexander von Humboldt die Disziplin der Pflanzengeographie ein (eine Vorstufe der späteren Pflanzensoziologie). Im 19. Jahrhundert entstand eine neue Mensch-Natur-Romantik (Perkins Marsh, Thoreau, Muir – zurückgehend auch auf die frühere Romantikepoche in der Literatur [Novalis, Tieck, Brentano]) sowie der Begriff der Ökologie (Haeckel), das Verständnis von

Ökosystemen (Richards, Tansley, Odum) und die Systemtheorie (Bertalanffy). Im 20. Jahrhundert standen die Gaia-Hypothese (Lovelock/Margulis) und eine Philosophie der Tiefenökologie (Naess, Goldsmith, Capra) im Vordergrund, v.a. aber auch eine bedeutende politische Ökobewegung, die zuerst durch den Widerstand gegen die Atomkraftwerke und später (gegen Ende des 20. Jahrhunderts) auch durch die aufkommende Gewissheit einer möglichen Klimakatastrophe immer populärer wurde.

Während die ökologische Bewegung in den Naturwissenschaften bedeutende Spuren hinterlassen hat, ist sie in der Philosophie bisher eigentlich eher (zu) spärlich aufgefasst und verarbeitet worden (und dies auch so, als ob sie nur einer Zeit- und Modeerscheinung entsprechen würde [und nicht ein Grundproblem darstellt]). Vielleicht sahen die Philosophen auch eher die Naturwissenschaft in der Pflicht diesbezüglich. Daher fehlt uns heute aber ein klares Weltbild der Ökologie – das hat noch kein Philosoph bisher geliefert. Ich werde dies auch nicht allzu ausführlich tun können, denn mein Interesse ist breiter: es betrifft eben die Ökologie und die Soziologie, die Wissenschaft, die Philosophie und die Religion – immerhin möchte ich hier aber doch einen Beitrag liefern zur Auffassung der wahren und grossen Bedeutung dieses Themas. Meine philosophische Arbeit besteht im Wesentlichen in einer ontologischen Systematik, welche in deren Ethik zu einer soziologischen und ökologischen Auffassung der Welt führen soll.

Das fehlende (ökologische) Weltbild ist ein Problem der Ökologie bezüglich ihrer Durchsetzungskraft gegenüber anderen (politischen) Impulsen. Die Ökologie und die Soziologie werden für ein soziologisch-ökologisches Weltbild langfristig zusammenarbeiten müssen. Es wird nicht einfach sein, dies zu behaupten, und diesem auch die notwendige Durchschlagskraft zu vermitteln. Die Ökologie selber kann das offenbar nicht begründen. Das liegt nicht am politischen Links-/Rechts-Schema übrigens, denn die Ökologie ist nicht ein bloss linkes Thema, wie es in der heutigen Zeit (noch) erscheint, sondern: ihr Anliegen, der Schutz der Natur und der Umwelt, ist ja eigentlich auch – oder sehr wesentlich sogar – ein konservatives (und damit eigentlich sogar oder auch rechtes) Anliegen.

Der ökologische Ansatz orientiert sich primär sicher am Grossen und Ganzen (vgl. Systemtheorie, Holismus); wichtig und bedeutend sind in der Ökologie v.a. auch die Kreisläufe: in komplizierten Kreislaufmodellen werden alle möglichen Wechselwirkungen mitberücksichtigt. Der Kreislauf des Lebens schliesst sich täglich tausendfach (wie ein altes indisches Sprichwort sagt). Wir greifen aber immer stärker in die Weltkreisläufe ein und verändern sie, und nun müssen wir erneut in sie eingreifen, wo es gilt, schlechte Veränderungen wieder zu korrigieren. Was im Grossen und Ganzen gedacht wird, wirkt aber auch wieder zurück auf das Kleine und Alltägliche – etwa beim Recycling der verbrauchten Waren und Ressourcen (u.a.). Global denken, lokal handeln (heisst ein bekannter Slogan für den Alltagsmenschen dazu).

Gerade solche Kreisläufe stellt die Laborsituation der konventionellen Wissenschaft meistens nicht her, sondern: sie reisst die Wirkungen und Ursachen aus einem natürlichen Gesamtkontext heraus und macht damit genau das Gegenteil. Das mag gut sein, um spezifisches Wissen vom Einzelnen zu gewinnen, aber man sollte dabei das Grosse und Ganze mindestens eben nicht aus den Augen verlieren (das ist aber geschehen, indem die Laborwissenschaft über alles gestellt wurde). Nur ein ökologisches Gewissen, welches das Wissen um die Wechselwirkungen und Kreisläufe im Grossen und Ganzen konsequent einbringt, kann diese heutige Wissenschaft aus ihrer Sackgasse herausbringen (und vielleicht, oder hoffentlich, auch die heutige [Welt-] Politik aus deren Sackgasse).

Das Wort muss dabei wieder mehr Gewicht bekommen, denn die Zahl kann uns nicht immer weiterhelfen. Wir müssen moralisch argumentieren: viele grosse Kreisläufe sind ganz einfach viel zu komplex für brauchbare Rechenmodelle. Warum aber sollten wir einer kurzfristigen (nicht selten in wissenschaftlichen Studien sogar auch tendenziös verfälschten) Mathematik, Statistik und Algorithmik mehr glauben, als einer langfristigen Moral? Die Philosophie ist also durchaus wieder gefragt heute.

Leider gibt es noch immer Naturwissenschaftler, welche glauben, der Mensch würde ohne die praktische Philosophie auskommen (oder sogar: man müsse die Philosophie umbauen in ein rein naturwissenschaftliches Fach [das haben auch die neuzeitlichen Wissenschaftler und diesen zu stark anhängende Philosophen versucht, aber es ist ihnen bis dato glücklicherweise nicht gelungen]). Dies entspricht reiner Verblendung durch den eigenen Bereich bzw. einer reinen Überschätzung desselben. Wir brauchen beides: die theoretische Philosophie und ihre Naturwissenschaften sowie auch die praktische Philosophie und ihre Geisteswissenschaft. Ein tieferes Studium der Philosophie hat mir gezeigt, dass man solch (für verständige Menschen) einfache Dinge gut darstellen und auch herausstellen muss (denn diese Erkenntnis ist eben überhaupt nicht selbstverständlich).

Die Mathematik ist kein universelles Allerweltsmittel, sondern: ihre Gültigkeit nimmt von der physikalisch-chemischen über die biologische bis zur geistigen Sphäre zunehmend ab. Was verbal einleuchtend erscheint, kann auch mathematisch bewiesen werden. Der Satz 1+1=2 hat in der Mathematik absoluten Allgemeingültigkeitsanspruch, und dieser bestätigt sich auch in der physisch-materiellen Sphäre, aber wie steht es damit schon nur in der Biologie? Hier können wir diesen Satz aufstellen: 1 Mann + 1 Frau = x Menschen (nämlich der Mann, die Frau und die Kinder [in der Zeit, in welcher die Frau schwanger ist, oder auch nach der Geburt]). In einem einzigen Zeugungsakt kann dabei die Zahl von 1 bis maximal etwa 12 gehen (bei Zehnlingen [was nach heutiger Auffassung der bisher höchsten Zahl von gleichzeitigen Geburten entspricht]). Das heisst: diese einfache Grundgleichung ist – so betrachtet – nicht mehr mit einer blossen Zahl zu beantworten! Die klassische Mathematik rechnet ganz einfach nicht mit dem biologischen Phänomen der Sexualität! (Und ferner etwa auch nicht mit dem nicht selten auf reinen Zufälligkeiten beruhenden Phänomen der Evolution, notabene.) Tatsächlich stehen hinter den mathematischen Grundfunktionen, solange wir nicht von einer vollkommen abstrakten Mathematik sprechen, solche Sinnbeispiele. Diese müssen also stimmig sein, wenn die Mathematik stimmen soll.

Dass der Sinn der Mathematik von der materiellen über die lebendige bis zur geistigen Sphäre zunehmend abnimmt, bedeutet nicht, dass wir die Mathematik in der geistigen Sphäre gar nicht mehr brauchen und verwenden können, sondern: es heisst eben nur, dass ihre Bedeutung abnimmt. Das quantitative Argument nimmt ab gegenüber dem qualitativen Argument. Im Biologischen tauchen also schon die ersten Schwierigkeiten auf. Wie unmöglich komplex wird es aber erst, wenn wir eine Ethik ausrechnen wollten!? Das geht gar nicht – man könnte allenfalls Parameter für die Anwendung von ethischen Sätzen aufstellen, aber nicht ethische Sätze selber. Das Handeln von Gruppen, ganzen Völkern oder der gesamten Menschheit kann nicht ausgerechnet werden, selbst von den besten und grössten Computern der Welt nicht (und niemals).

Wenn der Mathematiker sagt, alles in der Welt sei Mathematik, so ist er nicht viel weiter als jeder andere Wissenschaftler, der sagt, die Welt könne alleine mit seiner spezifischen Wissenschaft gänzlich erklärt werden. Selbst eine führende Disziplin – wie eben die Soziologie und die Ökologie, wenn man sie denn so sehen möchte – bedeutet nicht die ganze Welt. Einem Philosophen käme es nie in den Sinn, die Wissenschaft zu verleugnen, einem Wissenschaftler kann es aber durchaus in den Sinn kommen, die Philosophie zu verleugnen. Wir müssen von einem solch (über-)spezialisierten Denken wegkommen und lernen, den Dingen (und auch den Wissenschaften) den richtigen Wert zu geben.

Wir müssen für die Zukunft ein soziologisch-ökologisches Weltbild erschaffen und unser Handeln danach ausrichten. Wir müssen uns soziologisch und ökologisch unbedingt verbessern, sonst werden wir den schwierigen Herausforderungen der Zukunft nicht gewachsen sein. Ich muss an dieser Stelle darauf hinweisen, dass die ökologische Tendenz in den Naturwissenschaften und die soziologische Tendenz in den Geisteswissenschaften letztlich eben nur Tendenzen sein sollen. Die Wissenschaft soll auch ihre Freiheit behalten. Wie geht das zusammen? Zu diesem Verständnis kann uns Kant weiterhelfen, mit seiner Vorstellung von der Freiheit zur Pflicht, hier müssen wir von einer Freiheit zur Tendenz sprechen. Wir können die Wissenschaft nicht unter irgendein Diktat stellen, aber wir können vom Sinn und von der Güte von einer bestimmten Tendenz sprechen – das ist hier gemeint.

Anmerkung: Auch wenn es in diesem Kapitel (in einem programmatischen Stil) v.a. um die heutige Situation der Naturwissenschaften und um deren zukünftige Ausrichtung geht, habe ich mir auch konkrete Gedanken zu den einzelnen Wissenschaften gemacht. Hinweisen möchte ich konkret auf meine hier erweiterte neue Grundansicht der Physik. Ich habe diese im philosophischen Kapitel untergebracht, da sich eigentlich alle ursprüngliche Wissenschaftsansicht als Naturphilosophie zuerst in einem philosophischen Nachdenken entwickelt.

3. Die Soziologie als Führerin der Geistes-, Kultur- und Sozialwissenschaften.

Auguste Comte, der Begründer der Soziologie als Wissenschaft meinte, dass die Soziologie erst dann richtig entwickelt würde, wenn alle anderen Wissenschaften schon auf einem sehr hohen Niveau seien. Aus heutiger Sichtweise betrachtet, scheint er recht zu haben: die anderen Wissenschaft sind heute sehr hoch entwickelt, die Soziologie steckt aber noch immer in ihren Kinderschuhen (denn es fehlt ihr eigentlich immer noch eine wirklich zusammenhängende Theorie [nicht zuletzt auch deswegen, weil sie als gesellschaftliche Wissenschaft mit der politischen Ideologisierung zu kämpfen hat]).

Vielleicht merken wir heute bedeutender denn je – jedenfalls sollten wir dies – dass die Geisteswissenschaften etwas ganz Anderes sind als die Naturwissenschaften. Die (bereits erwähnte) ursprüngliche Unterscheidung von Aristoteles, in welcher er zwischen einer theoretischen Philosophie (heute: Naturwissenschaften [bei Thomas von Aquino: spekulative Wissenschaften], bei mir: Natur-, Technik- und Ökowissenschaften) und einer praktischen Philosophie (heute: Geisteswissenschaften [beim Aquinaten: praktische Wissenschaften], bei mir: Geistes-, Kultur- und Sozialwissenschaften) unterschied, ist noch immer relevant (und sie ist es ganz grundsätzlich). Die Ökologie und die Soziologie sind also in meiner Auffassung als Führerinnen der beiden grossen Bereiche zu betrachten; das heisst: die alten Naturwissenschaften müssen ökologisch(er), die alten Geisteswissenschaften soziologisch(er) ausgerichtet werden. Das ist mein neues Programm für die Wissenschaft und die Kultur.

Worin aber besteht denn genau der Unterschied zwischen diesen beiden Sphären der Wissenschaft? Kurz und einfach erklärt, ergründen sich die Wahrheiten der Naturwissenschaften nach dem analytischen Ursache-Wirkungs-Prinzip, d.h. anhand von einer bestimmten Wirkung wird die entsprechende Ursache gesucht. Diese ableitende Verstandesanalytik ist ganz grundsätzlich bedeutend für die (vergangenheitsbezogenen) Erkenntnisse in den Naturwissenschaften. Die Geisteswissenschaften dagegen beruhen auf einem ähnlichen und doch umgekehrten Prinzip, nämlich dem Grund-Folge-Prinzip. Hierbei gehen wir von einem Grund aus und erwägen anhand von diesem die Folgen (in der Zukunft). Dies nenne ich: eine aufbauende Vernunftssynthetik.

Im Verstand nehmen wir die Dinge auseinander, in der Vernunft bauen wir sie zusammen – letztlich auf ein (vernünftiges) Handeln ausgerichtet. Die praktische Philosophie ist (immer) handlungsorientiert, die theoretische nicht (oder: nicht primär [sondern: nur insofern, als aus der Naturwissenschaft eine Technik- und/oder Ökowissenschaft wird – bereits der Schritt zu einer Technikwissenschaft führte zu einer Handlungsorientierung in den Naturwissenschaften, weil die Technik zu Handlungen führt und somit der Ethik bedarf, und die ökologische Ausrichtung ist die logische Fortsetzung davon: nämlich von einer hochentwickelten Technik, die in einen höheren und besseren Rahmen gestellt werden muss]).

Der Untersuchungsgegenstand der Soziologie ist die Gesellschaft. Diese kann nüchtern als eine Masse von Menschen einer bestimmten Verwaltungseinheit aufgefasst werden (wie wir in einer institutionell orientierten Soziologie sagen würden), welche sich zwischen den Motiven der Freiheit und der gegenseitigen Verantwortung bewegen. Das Problem der Gesellschaft ist eine gewisse Ohnmacht der Masse (offenbar selbst in Demokratien, ja: manchmal sogar auch in einer Direkten Demokratie). Es kann sowohl eine Ohnmacht bezüglich der Freiheit wie auch bezüglich der Verantwortung sein (wir können uns ohnmächtig ebenso beklagen über zu wenig Freiheit wie auch über zu viel Verantwortung). Ein grosses Problem der Gesellschaft sind korrupte (und auch zweckentfremdete) Institutionen und Organisationen.

Ich sehe – nach der Begriffsart von Einstein – die Begründung einer Allgemeinen und einer Speziellen Soziologie, welche soziologische Probleme in bestimmten Gesellschaftsformen behandelt (vornehmlich nach der Regierungsform wie Monarchie, Demokratie oder Direkte Demokratie – auch geografische oder wirtschaftliche Komponenten könnten in einer Speziellen Soziologie eine gewisse Rolle spielen). Wichtiger und bedeutender ist jedoch die Allgemeine Soziologie (d.h. die Allgemeinwissenschaft der Soziologie [nach heutigem Muster, aber eben etwas weniger ideologiebehaftet]).

Im Zentrum der soziologischen Begriffe steht der Begriff der Institution. Ich habe dies in meinem ersten Buch beschrieben in drei Triaden von zentralen Begriffen der Sozialisation: Idee, Konzept und Plan (konzeptuelle Begriffe), Firma, Institution und Organisation (institutionelle Begriffe), Reglement, Kontrolle und Sanktion (kontrollistische Begriffe). Es geht natürlich aber in der Soziologie nicht nur um die Sozialisation, sondern auch um einen soziologischen Sinn – in diesem Zusammenhang spielen auch die Freiheit und die Verantwortung eine bedeutende Rolle (und nicht ein bloss institutioneller Begriff der Soziologie, welcher aber auch bedeutend erhoben und verteidigt werden muss).

Materialisten, Strukturalisten und Funktionalisten kommen fast logischerweise zum Schluss, dass der Mensch ähnlich wie eine Maschine funktioniert (vgl. französischer Materialismus – De la Mettrie, d'Holbach, Helvétius [heute im Fokus diesbezüglich: das menschliche Gehirn als Supercomputer]), und dass ergo auch die menschliche Gesellschaft funktionalistisch organisiert sein muss. Der Kulturzusammenhang ist aber nicht in einer absolutistischen Form bzw. einer funktionalen Einheit zu sehen. Wir müssen vielmehr einen lebendigen Prozess vor Augen haben, welcher schwierig und komplex ist. Ein rein technischer Institutionalismus ist daher zu verwerfen.

Der Missbrauch der Funktion ist schlimmer als die Unfähigkeit; alle Korruption erwächst daraus. Ich fasse die Korruption im eigentlichen Sinn des Wortes auf: als eine herzzerreissende Art und Weise des (Be-) Handelns (das geht weit über die monetäre Manipulation hinaus! – und betrifft natürlich auch verschiedenste Formen von struktureller, institutioneller und/oder krimineller Gewalt). Am Korruptionsanfälligsten sind die ganz grossen und die ganz kleinen Unternehmen, wobei die Korruption bei den ganz grossen Unternehmen natürlich wesentlich folgenreicher ist. Ich kann an dieser Stelle die juristische Forderung erheben, dass ein gerechteres Gesetz der Zukunft auch bedeutende seelische, geistige und geistliche Verbrechen verfolgen sollte (zu welchen die Korruption ganz bedeutend dazugehört).

Die Institutionen müssen verbessert werden. Dies muss das Ziel der wissenschaftlichen Soziologie sein. Sie müssen effizienter werden, aber auch humaner (also: menschlicher). Der Staat muss kreativer werden: den kalten Staat früherer Zeiten wird man sich in Zukunft nicht mehr leisten können, vielmehr muss der spätmoderne Staat die Leute von seinen guten Absichten besser überzeugen (dazu müssen diese aber auch ehrlicher und engagierter sein [und sollten nicht auf reiner Lohnzahlung beruhen, und nicht auf reinem Beruf, sondern auf besonderer Berufung (und Motivation)]). Die Menschen sind im Lauf der Geschichte vielleicht nicht allzu viel besser geworden (jedenfalls kommt es uns manchmal so vor), aber ihre Institutionen können und müssen ständig verbessert werden. Sie sind so etwas wie die Infrastruktur der Gesellschaft, der Menschheit und der Menschlichkeit (und das dürfen wir auch nicht unterschätzen).

Soziale Fortschritte müssen wissenschaftlich abgesichert werden: dazu ist die Wissenschaft der Soziologie auch und v.a. zuständig, damit gesellschaftliche Rückschritte, die immer möglich sind, und die es auch immer wieder vorübergehend gegeben hat, nicht dazu führen, dass das soziologische Wissen und Werten verloren geht. Wir müssen die sozialen Fortschritte der letzten Jahrhunderte heute wissenschaftlich festlegen – das ist von einer grossen Bedeutung! Es ist in der Politik immer wieder zu beobachten, wie rasch politische Situationen und Stimmungen kippen und die Gesellschaft in gefährliche Entwicklungen hineinbringen können, und daher benötigen wir eine verlässliche Geistes-, Kultur- und Sozialwissenschaft, welche in allen kurz- und mittelfristigen Turbulenzen wenigstens eine langfristige Sicherheit (der Bewahrung von Wissen, Wahrheit und Güte) garantiert.

Ich weiss ja, dass einem solche Aussagen mitunter als purer (oder noch schlimmer sogar: weltfremder) Idealismus ausgelegt werden. Doch wir müssen (hoch-) idealistisch sein in den Zielen und Werten, damit wir wenigstens einen geringen Teil derselben erreichen können. Wir müssen von einem guten Menschen und einer guten Menschheit ausgehen, welche hohe Ziele und Werte erreichen kann. Tun wir dies nicht, so können wir auch nichts erreichen (und erhalten). Gleichzeitig müssen wir den Menschen auch sagen, dass wir – aus verschiedenen Gründen – nicht immer alles erreichen können, was wir gerne erreichen möchten, und dass wir trotzdem nicht den Glauben an das Gute verlieren dürfen. Das sind einfache Dinge, eigentlich – doch wie schwierig sind solche einfachen Dinge nur allzu oft in der Praxis des Lebens! (Und darum müssen wir auch immer wieder davon sprechen.)

Eine kulturpessimistische Sichtweise war in den letzten Jahrzehnten unter Intellektuellen erstaunlich populär (bis sogar in wissenschaftliche Bereiche hinein). Einstein sah die Menschheit nach einem Dritten Weltkrieg schon zurück in der Steinzeit – und die indianische und polytheistische Weisheit spricht in ihrer Mystik und Mythologie vom notwendigen Zusammenbruch vor einem heilenden Neuanfang. Das ist grosse, aber auch sehr gefährliche Mystik! So dürfen wir gerade heute nicht mehr denken, denn zu gross sind heute die (technischen) Gefahren in der Welt, und was heute auf dem Spiel steht, ist nichts Anderes als eine zunehmend globalisierte Weltkultur (also: die Menschenwelt als solche). Es ist daher sehr wichtig, dass wir auf dem aufbauenden Weg bleiben (bei allen Zweifeln und bei aller Kritik, die wir gegenüber der Kultur auch haben können [oder sogar auch haben müssen]). Wir brauchen daher nicht eine pessimistische, sondern: eine (kritisch) optimistische Philosophie.

Was bedeutet überhaupt der Begriff vom Sozialen? Sozial bedeutet: gesellschaftlich, und gesellschaftlich bedeutet: die gesellschaftlichen Verbindungen betreffend, denn eine Gesellschaft besteht aus ihren Verbindungen. Bedeutend muss in der Soziologie ein gut funktionierendes Sozialwesen sein, als soziologische Auffangstation (zumal heute, in einer Zeit, in welcher es [noch?] kein Grundeinkommen gibt). Ein gutes Sozialwesen müsste daher v.a. die gesellschaftlichen Verbindungen herstellen für Menschen, welche dies benötigen. (Heute werden Sozialhilfebedürftige mit den Institutionen der Behörden nicht selten weiter in die gesellschaftliche Ecke getrieben – das dürfte eigentlich nicht sein, denn das ist das Umgekehrte von dem, was eigentlich sein sollte: nämlich Integration [aber: wie viel mehr Motivation und Kreativität müsste der Staat in solchen und anderen Dingen aufbringen? – wir stossen dabei auch immer wieder auf Widersprüche zwischen den staatlichen Institutionen und der wirtschaftlichen Freiheit].)

Die Verbesserung der Transport und Verkehrs- sowie der Informations- und Kommunikationstechnologie führte im 20. Jahrhundert zur (sogenannten) Globalisierung der Welt. Viele Probleme der spätmodernen Welt sind zunehmend global zu betrachten: dazu gehören etwa die Flüchtlingsströme, welche aufgrund unterschiedlicher politischer und ökonomischer Entwicklungen zustande kommen, aber natürlich und v.a. auch die ökologischen Probleme (u.a. [auch die internationalen Finanzströme sind zu erwähnen]). Doch nicht nur die Probleme werden immer globalistischer, sondern wir können dies auch von der Wirtschaft insgesamt sagen.

Trotzdem sollten wir heute nicht nur die Globalisierung sehen: diese geht einher mit ebenso bedeutenden Regionalisierungen – meistens verlaufen Entwicklungen nicht absolutistisch, sondern diversifiziert. Ein Beispiel dazu ist die Energieversorgung der Zukunft: aus heutiger Sicht soll diese auf sich (mit Sonnenenergie und anderen erneuerbaren Energien) selber versorgende Haushalte abzielen, welche aber trotzdem mit einem interregionalen bis globalen Absicherungsnetz verbunden sind. So soll etwa bei der wahrscheinlichen zukünftigen Entwicklung im Häuserbau das einzelne Haus – durch Sonnen- und andere erneuerbare Energieformen – lokal energieselbstständig sein, gleichzeitig sollen die Häuser aber auch in einem überregionalen bis kontinentalen und globalen Verbund stehen, welcher die Energiesicherheit garantiert. Ein solches Zusammenspiel von globalem und lokalem Kontext erscheint hochmodern und zukunftsträchtig.)

Eine globalisierte Welt benötigt globalisierte Problemlösungen. Diese erfolgen logischerweise am besten in supranationalen Strukturen, inkl. einer eigentlichen Weltorganisation (Völkerbund/UN[O]). Ich sehe die Grösse einer solchen Institution ebenso wie auch gewisse Zweifel daran, glaube aber trotzdem an deren Zukunft (wir sehen heute grosse Probleme mit der Korruption etwa bei den Sportweltverbänden [z.B. beim Fussballverband (FIFA) oder beim Olympischen Verband (IOK)]). Es gibt in einer spätmodernen Welt jedoch keine Alternative zur Organisation, bei aller Schwierigkeit, welche auch diese mit sich bringt. Die Organisation ist entstanden aus der Unzulänglichkeit der Unorganisiertheit (was die allgemeinen Kritiker der Organisation oft vergessen – wie überhaupt die reinen Kritiker immer auch über das Ziel hinausschiessen).

Ein bedeutender Faktor in der spätmodernen Gesellschaft sind die Medien. Die (freien) Medien bezeichnen sich gerne als vierte Gewalt im Staat. Ich sehe sie aber nicht als eine (kontrollierende Staats-) Gewalt (neben der legislativen, der exekutiven und der judikativen Gewalt (wie sie in der [demokratischen] Staatstheorie gegeben sind). Obwohl mit den neuen Webplattformen (mit personalisierten und interaktiven Nachrichten) heute bereits von einer fünften Gewalt die Rede ist, haben sie doch relativ wenig mit der eigentlichen Staatsorganisation zu tun (so haben denn auch die freien Medien in einer Demokratie – im Gegensatz zum demokratischen Staat selber – keinerlei demokratische Struktur). Die Medien sind vermutlich etwas zwischen einer kontrollierenden Institution (gegen alle Seiten hin, notabene) und einer reinen Wirtschaftsunternehmung. Sie sind ferner nach der Schule die bedeutendste Bildungsinstitution; daher würde man sich auch etwas vernünftigere und ambitioniertere Medien diesbezüglich vorstellen.

Wie dringend die bessere Entwicklung der wissenschaftlichen Soziologie ist, zeigen die Dystopien der Science Fiction in der Kunst, vorab in der Filmkunst, aber auch in anderen Künsten (sie sind sogar zu einem Dauer- und Hauptthema in der heutigen Kunst geworden). In diesen (Gesellschafts-) Dystopien wird ein düsteres Negativbild einer kommenden Gesellschaft gezeigt. Die Bedeutung der Dystopie droht heute sogar jene der (philosophischen) Utopie zu verdrängen (und wir hören derzeit auch bei vielen Philosophen relativ düstere [Zukunfts-] Töne, selbst bei den Public Intellectuals oder Philosophers). Die meisten Dystopien handeln von extremen Zwei-Klassen-Gesellschaften, wobei die obere Schicht die untere meist mit Hilfe einer hoch entwickelten Technik vollkommen kontrolliert bis sogar versklavt (wie in der Antike, und noch stärker und breiter sogar), und damit die gesamte soziologische und auch ökonomische Entwicklung – vom Physiokratismus über den Merkantilismus und Liberalismus zum Sozialismus und der Sozialen Marktwirtschaft – übergeht.

Das mag ziemlich übertrieben erscheinen, kann aber doch eine gewisse Tendenz andeuten, wobei ich immer auch auf die Ambivalenz der heutigen Zeit hindeute: die Menschen erleben heute – je nach der Sphäre, die man betrachtet – ebenso mehr Freiheit (vorab im Privaten) wie auch mehr Enge, Zwang und Verbot (vorab bei der Arbeit und in der Öffentlichkeit teils). Diese schwierige Ambivalenz in vielen Dingen macht die heutige und kommende Zeit psychologisch für die Menschen immer schwieriger und undurchschaubarer. Es scheint immer weniger klare Wege zu geben, wie das in den früheren Gesellschaften der Fall war, dafür aber immer mehr schwierige, komplexe, komplizierte und verschlungene Wege und Auswege, was aber keineswegs bedeutet, dass die heutige und die zukünftige Zeit schlechter wären als die früheren Zeiten: das wäre eine rein nostalgische Vorstellung. Jede Zeit hat ihre besonderen Tücken, und allgemein geht es heute der Menschheit eigentlich viel besser als früher (was wiederum nicht dazu führen darf, dass wir die soziologischen und ökologischen Probleme nicht ernstnehmen).

Wir müssen heute die richtigen Entscheidungen treffen, bezüglich Phänomenen, deren Wirkungen in Hunderten von Jahren zu erwarten sind. Es ist unsere immer extremere Technik, welche unsere ganze Wachsamkeit erfordert (im Kleinen und Alltäglichen ebenso wie im Grossen und Ganzen). Das scheint eigentlich klar zu sein, und doch müssen wir das heute speziell anführen und erklären.

Wenn ich an die Zukunft denke, geht mir dieses Zitat nicht aus dem Sinn: «Each generation thinks that the situation it faces is the most serious one, the most difficult among those which were faced by generations of the past. However this may be true today, I believe, when we say the task of this generation is burdensome, we mean it. Because of the progress mankind has achieved and because of the difficulties that are at times part and parcel of progress and prosperity, we find ourselves at a crossroad where we might make the world safe for our future generations or we might all perish together.» [Haile Selassie, (bislang) letzter Kaiser Afrikas bzw. Äthiopiens, im Weissen Haus, vor US-Präsident Lyndon B. Johnson, 1967]. Diese Worte tönen so aktuell, als ob Selassie über den Kalten Krieg seiner Tage hinaus geschaut hätte in eine neue, unsicherere und (noch) gefährlichere Zukunft.

Wir brauchen Wohlstandsökonomie und Integrationspolitik. Es genügt nicht, eine vage Vorstellung davon zu haben, sondern wir müssen präziser werden in den Zielen. Heute haben wir eine Politik des (Wahl-) Kampfes und eine Ökonomie der Ausbeutung und der Verschwendung. Das letzte Ziel liegt in der Ökonomie – nämlich in der gerechten Versorgung aller – aber der Weg dorthin ist philosophisch und politisch begründet. Daher müssen wir mit der Philosophie und der Politik anfangen, um zur richtigen Ökonomie zu gelangen. Wenn ich sage, dass das letzte Ziel in der Ökonomie liegt, so meine ich: Arbeit und Musse, Quantitäten und Qualitäten, Geben und Nehmen, und alles eben, was zu einer wahren Ökonomie dazugehört (und zu einer solchen gehören eben auch soziologische und ökologische Faktoren – so wies etwa der antike griechische Philosoph Xenophon schon auf den bedeutenden Zusammenhang zwischen dem Frieden und dem freien Handel hin).

Wir können nicht eine Philosophie und Politik betreiben, welche an der ökonomischen Situation vorbeizielt. Das hat Karl Marx sehr richtig erkannt, auch wenn nicht alle seine Schlüsse überzeugend sind. Weltverbesserung heisst (zuerst einmal): Verbesserung der ökonomischen Situation in der Welt. Das letzte Ziel ist – entgegen Nietzsches ewiger Wiederkehr des Gleichen – kein fixes. Weil das gleiche Ziel unter sich stets verändernden, also anderen Bedingungen erreicht werden muss. So haben wir das Gleiche bzw. das Alte und das Andere bzw. das Neue immer im selben Moment zu verwirklichen. Es geht darum, mit der richtigen Philosophie und Politik die richtige Wirtschaft vorzubereiten (daher spreche ich hier auch mehr über Philosophie und Politik als über Ökonomie: weil ich eben der Meinung bin, dass aus der richtigen Philosophie und Politik auch die richtige Ökonomie resultiert [und umgekehrt: dass aus der falschen Philosophie und Politik die falsche Ökonomie resultiert]).

Was es speziell zur Wirtschaft zu sagen gibt, ist eigentlich bereits in der Systematik vom (Da-) Sein angetönt (in der fünften Ebene der fünften Dimension). Die Wirtschaft besteht aus drei Produktionsfaktoren: Arbeit, Boden und Kapital. Im heutigen kapitalistischen System bestimmt der Faktor des Kapitals die gesamte Wirtschaft. Das ist falsch: zwischen diesen drei Faktoren sollte ein möglichst guter Ausgleich gegeben sein (ohne die grosse Bedeutung des Kapitals zu vernachlässigen, welches der flexibelste Faktor ist und daher auch jener, über welchen bedeutende Veränderungen am raschesten herbeigeführt werden können). Ferner kommt hinzu, dass die Sozialgerechtigkeit und die Umweltverträglichkeit gegeben sein müssen, da diese beiden politischen (oder volks- und weltwirtschaftlichen) Forderungen höher stehen als die reine Wirtschaftsfreiheit. Es sind also letztlich fünf verschiedene Wirtschaftsfaktoren zu berücksichtigen: Boden, Arbeit, Kapital, Sozialgerechtigkeit und Umweltverträglichkeit, d.h. drei reine Produktionsfaktoren und zwei Problemfaktoren (bzw. wirtschaftspolitische Faktoren). Die Berücksichtigung dieser Faktoren sollte sich – auch aus Stabilitätsgründen – im Gleichgewicht befinden.

Wir sollten aus der liberalistischen und sozialistischen Entwicklung der Neuzeit und ihrer Moderne das Beste beider Erwägungen herausnehmen und daraus eine Soziale Marktwirtschaft bilden. Dieser Begriff stammt aus dem Nachkriegsdeutschland im 20. Jahrhundert, und es ist ein sehr guter Begriff: aufgrund der US-amerikanischen Kulturdominanz im letzten Jahrhundert hat sich dieser Begriff leider bisher nicht weltweit durchsetzen können.

Die Verbindung vom Liberalismus und vom Sozialismus in der Sozialen Marktwirtschaft hat sich in der Politik der zweiten Hälfte des 20. Jahrhunderts entwickelt. Das genaue Verhältnis wird über die demokratische Politik geklärt. Eine Demokratie besteht jedoch nicht nur aus Wahlen und allenfalls auch Abstimmungen, sondern: es kommt immer auch darauf an, wie man mit den entsprechenden Resultaten umgeht. Das heisst: eine Demokratie muss auch auf die Minderheiten eingehen. In der weitest ausgebauten Demokratie (in der Schweiz) gibt es die Machtbeschränkung an der Spitze (mit einer siebenköpfigen Exekutivregierung statt einem Führerprinzip), Volksabstimmungen (über wichtige Sachgeschäfte) sowie ein Vernehmlassungsverfahren (bei welchem versucht wird, alle bedeutenden politischen Entscheidungen durch Rücksprache mit den bedeutendsten Institutionen und Kräften des Landes abzusichern). Ich bin weit davon entfernt, ein bestimmtes politisches System zu verherrlichen, aber diese drei Punkte scheinen mir doch sehr bemerkenswert – zum Nachdenken über demokratische Regierungen und Prozesse.

Eine Soziale Marktwirtschaft, welche durch demokratische Prozesse abgestützt ist, scheint das Ziel zukünftiger wirtschaftlicher Wohlfahrt zu sein.

P.S. Nach der Fertigstellung des Textes stellte sich mir die wirtschaftliche Frage noch einmal, und ich dachte mir, dass gerade die Wirtschaftswissenschaft immer ein (möglichst einfaches) Modell benötigt, was man vorzeigen kann, um den Gesamtzusammenhang aufzuzeigen. In der Betriebswirtschaft steht das Modell der Doppelten Buchhaltung im Mittelpunkt, in der Volkswirtschaft gibt es eigentlich zwei bedeutendste Modelle: das mikroökonomische Modell des Marktes bzw. Marktgleichgewichts und das makroökonomische Modell des Magischen Vier- bzw. Vielecks, welches die wichtigsten wirtschaftlichen Staatsaufgaben und die Koordination derselben beschreibt. Nur auf der Ebene der Weltwirtschaft gibt es eben kein adäquates Modell (dies ist ja aber auch die schwierigste Ebene).

Diese drei Modelle bestehen aus zwei, drei und vier verschiedenen Faktoren:

> ➢ Doppelte Buchhaltung: Aktiven und Passiven
> ➢ Marktgleichgewicht: Angebots- und Nachfragekurve sowie Gleichgewichtspunkt
> ➢ Magisches Viereck: angemessenes Wachstum, stabile Preise, Vollbeschäftigung und ausgeglichene Aussenhandelsbilanz*

* Dies sind die ursprünglichen Faktoren im Magischen Viereck, später kamen in einem Vieleck weitere Faktoren dazu, nämlich soziologische Faktoren wie eine adäquate Einkommensverteilung oder menschliche Arbeitsbedingungen sowie ökologische Faktoren wie die Erhaltung der Umwelt und die Sicherung der Ressourcen (gerade die ökologischen Faktoren, in einer globalisierten Ökonomie aber auch zunehmend die soziologischen Faktoren, sind aber bereits Probleme auf der Ebene der Weltwirtschaft!).

Ich ging demnach davon aus, dass ein Modell auf der Ebene der Weltwirtschaft fünf Faktoren haben muss (das deckt sich auch mit meiner übrigen Arbeit, wonach die Fünf die beste Zahl ist für ausgereifte, aber einfachste Systeme [wenn es um das Grosse und Ganze geht]).

Natürlich drängt sich innerhalb meines Denkens hierzu die fünfte Ebene der fünften Dimension in meiner Systematik vom (Da-)Sein an, in welcher es ja auch um die Ökonomie geht. Die Faktoren sind demnach eben (oder wieder): Boden, Arbeit und Kapital sowie Sozialgerechtigkeit und Umweltverträglichkeit. Ich habe nun mit diesen fünf Faktoren ein geeignetes Modell gesucht und bin sehr rasch auf das folgende Modell gekommen:

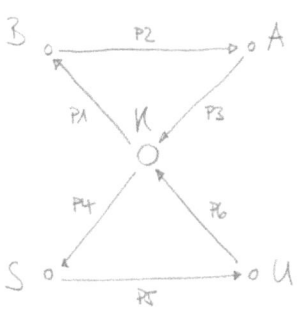

Legende:
B = Boden, A= Arbeit, K = Kapital, S = Sozialgerechtigkeit, U = Umweltverträglichkeit.
P1 = Nutzung, P2 = Ausbeutung, P3 = Verschwendung, P4 = P5 = P6 = Achtung.
Ferner (versteckt): K steht für K1 (Anfangskapital), K2 (Zwischenkapital), K3 (Endkapital).

Abbildung: Modell Weltwirtschaft. Der achterbahnförmige Kreislauf beginnt beim Anfangskapital K1 – das ist der Naturzustand. Prozess P1: Der Hauptbegriff zwischen Naturzustand und Boden ist jener der Nutzung. Das entspricht frühen Kulturformen wie Jägern und Sammlern, Hirten und Bauern. Prozess P2: Der Hauptbegriff zwischen Boden und Arbeit ist jener der Ausbeutung. Das entspricht dem Zeitalter der Industrialisierung. Auf dem Boden werden Fabriken installiert, mit welchen die Arbeiter und die Umwelt ausgebeutet werden. Prozess P3: Der Hauptbegriff zwischen der Arbeit und dem Zwischenkapital K2 ist jener der Verschwendung. Die Industrialisierung hat zur Massenproduktion und zum Wohlstand geführt, in welchem die Ressourcen und Waren verschwendet werden. Während das soziologische Problem sich kurzfristig verringert hat, ist das ökologische Problem schwerwiegender geworden. In der logischen Globalisierung nimmt auch das soziologische Problem zu und tritt wieder in den Vordergrund (weil die Gesellschaftsprobleme lautere Probleme sind als die Umweltprobleme). Prozess P4: Der Hauptbegriff zwischen dem Zwischenkapital K2 und der Soziologie ist jener der Achtung. Die soziologischen Probleme müssen beachtet und gelöst werden. Durch die soziologische Verbesserung tritt auch ein höheres Interesse an einer ökologischen Verbesserung ein. Prozess P5: Der Hauptbegriff zwischen der Soziologie und der Ökologie ist (wieder) der Begriff der Achtung. Die ökologischen Probleme müssen beachtet und gelöst werden. Prozess P6: der Hauptbegriff zwischen der Ökologie und dem Endkapital K3 ist (wieder) jener der Achtung. Nun gilt es einen Endzustand anzuvisieren, welcher in einer allgemeinen Wohlfahrt besteht (nicht als wirkliches Ende, sondern als ewiges Ziel). Der Begriff des Kapitals wird hier nicht rein monetär aufgefasst, obwohl auch der monetäre Aspekt dabei durchaus eine bedeutende Rolle spielt. Das Kapital – K1 = Naturzustand, K2 = Wohlstand/Ambivalenz (d.h. ökonomischer Wohlstand und politische Ambivalenz), K3 = (allgemeine) Wohlfahrt – bedeutet hier das Hauptsächliche bzw. der hauptsächliche (Produktions-

und Ökonomie-) Faktor. Obwohl das Kapital der Hauptfaktor ist, gilt aber grundsätzlich das Gesetz der Achtung aller Produktions- und Problemfaktoren, denn darin liegt der Unterschied zwischen den ambivalenten Prozessen 1-3 und den teleologischen Prozessen 4-6.

Ein reines Modell ist noch kein Grund für einen 'Heureka!'-Ruf, denn schliesslich ist es nur ein Modell, und die wirklichen Leistungen müssen in der Wirklichkeit stattfinden. Zudem ist es ein Modell, welches auf langwierige Prozesse in der Zukunft zielt. Es ist etwas komplexer als die anderen Wirtschaftsmodelle, aber das war auf der schwierigsten Ebene nicht anders zu erwarten. Trotzdem ist es auch möglichst einfach gehalten. Ein gutes Modell ist gleichzeitig einfach und komplex. Die Aussage ist eine moralische Aussage, und das ist vermutlich nicht sehr populär, aber das ist das Modell, welches aufzeigt, wie die Wirtschaft der Zukunft eine Wohlfahrt für alle erreichen kann (und ebenfalls, woher die Wirtschaft aus der Vergangenheit kommt und wo sie heute steht). Die Aussage ist letztlich diese: alle politischen Kräfte, die konservativen wie die progressiven, sollten einen gemeinsamen Nenner haben: dass sie den soziologischen wie den ökologischen Faktor bei allen Entwicklungen und Schwierigkeiten der Zukunft ernstnehmen, nicht nur in der gesellschaftlichen und wissenschaftlichen, sondern auch in der wirtschaftlichen Bedeutung – denn davon hängt unsere Zukunft bzw. die Zukunft der Menschen ab.

Für mich ist dies eine gute Abrundung meiner gesamten geistigen und geistlichen Arbeit, welche mit einem (abgebrochenen) Studium der Wirtschaftswissenschaft begonnen hat und während rund 25 Jahren über eine intensive Beschäftigung mit der Philosophie, der Religion und den Wissenschaften zu diesem Buch, meinem Hauptwerk, geführt hat.

(Kürzest-) Zusammenfassung meiner Philosophie, Religion und Wissenschaft.

Philosophie.

1. Das (Da-) Sein ist der Urgrund der Welt, und Gott ist der Schöpfer vom Sein ins Dasein.

2. Die Systematik vom (Da-) Sein hat fünf Dimensionen: vom (Da-) Sein, Leben, Glauben, (Nach-) Denken, Handeln (inkl. Nicht-Handeln und Gut-Handeln).

3. Die Ethik hat drei Stufen: Kondition, Mediation und Perfektion – am bedeutendsten für den Alltag sind bewusste und unbewusste Prozesse der Mediation.

Religion.

1. Es gibt ein Phänomen der Welt-Religion.

2. Jesus (aus dem Judentum) und Buddha (aus dem Hinduismus bzw. dem Brahmanismus) sind die beiden Erlöserfiguren vom Westen und vom Osten her.

3. Maitreya entspricht dem Phänomen des kommenden Weltlehrers bzw. (in allen Religionen noch) erwarteten Gesandten vom Religiösen (für eine ökumenische Weltreligion [jedoch steht er nicht höher als der Christus]).

Wissenschaft.

1. Die spät- und postmoderne Wissenschaft benötigt klarere Richtlinien, Gründe und Ziele.

2. Die Ökologie ist die führende Disziplin der Natur-, Technik- und Ökowissenschaften (zur Förderung des Natur- und Umweltschutzes), die Soziologie jene der Geistes-, Kultur- und So-

zialwissenschaften (zur Förderung der Gesellschafts- und Weltgerechtigkeit).

3. Die Sozialgerechtigkeit und die Umweltverträglichkeit sind auch die beiden wesentlichen Faktoren in einem Wirtschaftsmodell der Zukunft: über diese beiden Faktoren führt der lange und schwierige Weg zu einer allgemeinen (Welt-) Wohlfahrt.

Vom Sein, vom Wahren und vom Guten (Nachwort).

Das Sein ist alles (was ist), d.h. in der Philosophie die Grundlage von allem (und im Besonderen von der Philosophie selber). Das Wahre im Leben und in der Religion ist zuerst darin zu suchen, was wir glauben und nicht glauben, und es ist – durchaus in einem platonischen Sinn des Begriffs – vom Sein das Wesentliche. Ich spreche diesbezüglich von einer Wahres-Wesen-Natur. Das Gute im Denken und in der Wissenschaft (bzw. in der wissenschaftlichen Tätigkeit und Handlung) zu erzeugen, ist das Credo derselben, und es ist vom Wahren das Bessere (d.h. die gute, bessere und beste Wahrheit). Ich spreche diesbezüglich von einer Gutes-Wirken-Kultur. Das (Da-) Sein annehmen, an das Wahre glauben und das Gute schaffen: das ist Grund und Ziel. So ist auch unsere heutige Zeit aufgebaut: das war die Entwicklung der Welt – mit der christlich-westlichen Kultur im Zentrum – bis zu diesem Zeitpunkt: in der Antike, dem Mittelalter und der Neuzeit sowie deren Moderne und Spätmoderne. Und von hier aus schauen wir in die Zukunft. Heute müssen wir uns die Frage stellen, wie wir das Ganze beurteilen (auch und gerade auch im Hinblick auf eine immer globalisiertere Weltkultur, wie sie sich heute und in Zukunft langsam aber sicher und unaufhaltsam zu entwickeln scheint).